Marcus Tullius Cicero

Briefe - Das fünfte und sechste Buch

Marcus Tullius Cicero

Briefe - Das fünfte und sechste Buch

ISBN/EAN: 9783744671866

Hergestellt in Europa, USA, Kanada, Australien, Japan

Cover: Foto ©ninafisch / pixelio.de

Weitere Bücher finden Sie auf **www.hansebooks.com**

Fünftes Buch.

Dieses Buch enthält 21 Briefe. Sie sind an zerschiedene geschrieben, und zwar alle in einer Zeit von 18 Jahren. Einige
schrieb Cicero noch zur Zeit des
freyen Staates: einige, wenige
aber, zur Zeit, da Cäsar über
Rom herrschte.

Erster Brief.

Inhalt.

Cicero war gegen diesen Metellus
immer sehr gefällig; und war auch wirklich Ursache, daß er als Prätor in die
Provinz Gallien kam. Der Bruder die-

A 2   ses

ses Metellus, Metellus Nepos, war
bey der catilinarischen Verschwörung
Tribun. Cicero, der dazumal Consul
war, entdeckte diese Verschwörung noch
zur Zeit: ließ einige Mitschuldige, angesehene Männer auf des Senates Vorwis-
sen hinrichten: und da er am Ende des
Consulates nach Gewohnheit zum Volke
eine Rede halten, und von seinem ganzen Consulate Rechenschaft geben wollte;
hieß ihn Metellus schweigen, und erwies
ihm hie und da noch wichtige Feindselig-
keiten. Cicero sparte unterdessen auch keine Gelegenheit dem Metellus zu wider-
sprechen. Zu dieser Zeit machte Metellus allerley neue Gesetze, besonders zum
Vortheile des Pompejus: doch nur dem
Scheine nach. Der Senat erklärte diese
Gesetze für höchst schädlich, und beschloß,
man sollte diesen Tribun, und den Cäsar
ihrer Würde entsetzen. Cicero zeigte dem
Metellus bey dieser Gelegenheit seine Un-
gerech-

gerechtigkeit: übte aber doch keine Rache an ihm aus; sondern war mit dem allgemeinen Bekenntnisse zufrieden, daß man sagte: Metellus habe gegen den Cicero ungerecht gehandelt. Dieß alles ward dem Bruder des Metellus in Gallien auf der gehässigsten Seite vorgestellt. Daher dieser Brief. Im Jahre 691.

Q. Metellus, des Q. Sohn, Celer, an den M. T. Cicero.

Mich freut es sehr, wenn Sie gesund sind. Daß Sie mich in meiner Abwesenheit durch Spötteleyen beleidigen, und meinen Bruder eines einzigen Wortes wegen auf Ehre und Leben angreifen würden; das hätte ich unserer wechselseitigen Freundschaft und Versöhnung wegen nicht geglaubt. Wäre sein bescheidenes Betragen dabey nicht hinreichend gewesen, ihn wider so eine Beschimpfung zu schützen; so hätte es doch das Ansehen unserer Familie, meine Neigung, die ich Ihnen und

dem

dem Staate so oft werkthätig zeigte, seyn sollen.
Aber nun seh' ich ihn von jenen, denen es am
wenigsten zusteht, angefallen, und überwältiget,
und mich selbst auf die Seite gesetzt. Ich also, der einer Provinz vorstehen, ein ganzes
Heer anführen, und wider den Feind streiten
soll; ich bin in der größten Betrübniß und
Trauer. Dieß Betragen, Cicero, wird Sie
gewiß gereuen: denn Sie haben dabey weder
ihre Klugheit, noch die Gütigkeit unserer Ahnen zu Rathe gezogen. So wankelmüthig,
glaubte ich nicht, daß Sie gegen mich und
die Meinigen seyn könnten. Mich soll indessen doch weder ein häuslicher Schmerz, weder
Unbilden, wo sie auch immer herkommen, von
der Sorge abhalten, für das Beste des Staates wachbar zu seyn. L. S. w.

Zwey-

Zweyter Brief.

Inhalt.

Cicero beantwortet den vorigen Brief genau.

M. Tullius, des Marcus Sohn, Cicero, an den Proconſul, Q. Metellus, des Quintus Sohn, Celer.

Wenn Sie, und ihr Heer im guten Wohlſtande ſind, freut es mich ſehr.

Sie ſchreiben, Sie hätten es unſerer wechſelſeitigen Freundſchaft und Verſöhnung wegen nicht geglaubt, daß ich Sie durch Spötteleyen beleidigen würde. Was Sie damit ſagen wollen, Metellus, verſteh' ich nicht recht: ich vermuthe aber, man habe Ihnen berichtet, daß ich, da ich im Senate vorgetragen, es wären ſehr viele, denen es recht nahe gehe, daß eben ich den Staat gerettet habe; unter andern auch geſagt: Einige ihrer

rer

rer Anverwandten, denen Sie nicht vermögend waren, etwas abzuschlagen, hätten Sie
dahin gebracht, daß Sie von demjenigen,
was Sie im Senate zu meinem Lobe öffentlich hätten sagen wollen, wieder geschwiegen
haben. Ich sagte das, aber setzte noch bey:
Ich hätte meine Geschäfte den Staat zu erhalten, so mit Ihnen getheilet, daß ich Rom
von heimlichen Nachstellungen, und schädli-
chen Bürgern; Sie entgegen Italien, von
bewaffneten Feinden, und verborgner Zusam-
menschwörung schützen sollten: Und diese Verbindung in so rühmlichen Unternehmungen hätten ihre Anverwandte geschwächt; weil sie etwa besorgten, Sie möchten mir nun, da ich
Ihnen so ansehnliche und wichtige Ehrenbe-
zeugungen erwiesen, auch wieder einige Ge-
gengefälligkeiten erweisen. Da ich mich nun
so in meiner Rede erklärte, was ich von ihrer
Anrede an den Senat erwartet hatte, und wie
sehr ich mich darinn geirret hätte; gefiel meine Rede, und erweckte so ein mäßiges Geläch-
ter;

ter; nicht über Sie, sondern über mich, und
meinen Betrug; und darüber, daß ich es so
offenherzig eingestanden, wie sehr ich gewünschet, von Ihnen gelobet zu werden. Und
das kann doch kein Schimpf für Sie seyn,
da ich sagte, daß ich bey meinen großen und
herrlichen Thaten auch gerne das Zeugniß aus
ihrem Munde gehabt hätte!

Gemäß unserer wechselseitigen Freundschaft, sagen Sie? Herr, was Sie in der
Freundschaft wechselseitig nennen, weiß ich
nicht: ich glaube, das ist wechselseitig, wenn
man die gute Neigung eines andern gegen sich
mit der nämlichen Neigung entgegen erwie-
dert. Wenn ich Ihnen nun sagen wollte, daß
ich ihretwegen die Provinz Gallien nicht angenommen, so könnten Sie dieß für schlechte
Beweisgründe halten: denn meine Umstände
foderten es so; und ich genieße noch täglich
von meinem Entschlusse immer größern Nutzen und Vergnügen. Das kann ich Ihnen
wohl sagen, daß ich von der Zeit an, da ich

in

in der Verſammlung des Volkes die Provinz
ausſchlug, gleich darauf bedacht geweſen, wie
ich ſie Ihnen in die Hände liefern könnte. Von
eurer Loſung ſag' ich kein Wort: glauben Sie
aber nur ſicher, daß mein Collega ohne mein
Wiſſen dabey nichts gethan hat. Erinnern
Sie ſich der übrigen Umſtände: wie geſchwind
ich jenen Tag nach der Loſung den Senat berufen; wie lange und wie viel ich von Ihnen
geredet; ſo, daß Sie mir ſelbſt ſagten, meine
Rede ſey Ihnen nicht nur zur größten Ehre,
ſondern ſogar ihren Collegen ſchimpflich geweſen. Jener Schluß des Senates, der an dieſem Tage abgefaſſet worden, hat ſo eine Auf-
ſchrift, daß, ſo lange die dauert, meine Liebe
gegen Sie nicht unbekannt ſeyn kann. Dann
erinnern Sie ſich, was ich für Sie nach ihrer
Abreiſe im Senate gethan, was ich für Sie
in öffentlichen Verſammlungen geſprochen, was
ich Ihnen für Briefe geſchrieben habe: Halten Sie das alles zuſammen, und urtheilen
Sie dann, ob Sie ſich bey ihrer Zurückkehr,

da

da Sie neulich nach Rom gekommen, auch
so wechselseitig gegen mich betragen haben.

Unserer Versöhnung gemäß, sagen Sie!
das versteh' ich wieder nicht: denn wie kann
man sich versöhnen, wenn man nie miteinander zerfallen war?

Ihren Bruder, sagen Sie, hätte ich eines einzigen Wortes wegen nicht angreifen sollen! Herr, diese Denkungsart, dieser
Antheil, und diese brüderliche Liebe gefällt mir
ausnehmend. Wenn ich mich aber je ihrem
Bruder in Angelegenheiten des Staates wi-
dersetzt habe, so vergeben Sie mirs: denn ich
liebe den Staat so sehr, als immer jemand.
Wenn ich aber mein Wohl gegen seinen grau-
samen Anfall zu schützen suchte, so geben Sie
sich damit zufrieden, daß ich mich auch bey
Ihnen über die Unbild ihres Bruders nicht
beklagte; da ich sah, daß er seine ganze Tri-
bunengewalt auf meinen Untergang zu richten
suchte. Ich redete darüber mit ihrer Gemahlinn Claudia, und eurer Schwester Mucia,

derer

derer Gewogenheit gegen mich in Rückſicht meiner Verbindung mit dem Pompejus, ich in vielen Gelegenheiten ſah; und erſuchte ſie, ſie möchten doch den Marcellus von dieſer Ungerechtigkeit gegen mich abſchrecken. Er aber, (Sie wiſſen die Sache, das weiß ich) erwies mir (der ich doch Conſul war, der den Staat gerettet) den letzten December, eine Unbild, die ſonſt niemand noch auch in der niedrigſten obrigkeitlichen Würde, und wenn er gleich der nichtswürdigſte Mann wäre, erfahren hat; er unterſagte mir, da ich mein Conſulat niederlegte vor der Verſammlung meine Rede zu halten. Aber dieſe Ungerechtigkeit machte mir wirklich viel Ehre. Denn da er mir ſonſt nichts, als einen Schwur zuließ; ſchwor ich mit einer durchdringenden Stimme den wahrhafteſten und ſchönſten Schwur: und das Volk ſchwor einſtimmig, und laut, daß ich wahr geſchworen hätte. Auch nach dieſer offenbaren und auszeichnenden Ungerechtigkeit ſchickte ich am nämlichen Tage noch

gemein=

gemeinschäftliche Freunde zum Metellus, die
ihn bereden sollten, von dieser feindseligen Gesinnung abzustehen. Aber denen antwortete er,
daß er nun nimmer freye Hand hätte. Denn
kurz zuvor in der Versammlung des Volkes
hatte er gesagt: Einem Manne, der andre,
ohne sie zu hören, gestraft hätte, müße man
auch die Erlaubniß nicht geben, öffentlich zu
sprechen. O, den wackern Mann, den trefflichen Bürger, der einen Mann, welcher das
Rathhaus vom Morde, die Stadt von Flam-
men, Italien vom Kriege befreyt hatte, der
nämlichen Strafe würdig hält, womit der
Senat mit Gutheißung aller Gutgesinnten jene gezüchtiget, welche die Stadt anzünden,
Obrigkeiten und den Senat tödten, und den
blutigsten Krieg erregen wollten! Deßwegen
suchte ich mich ihrem Bruder Metellus in seiner Gegenwart zu widersetzen. Denn ich redete den 1. Januar so im Senate von Staats-
angelegenheiten mit ihm, daß er sehen mußte,
er hätte es mit einem tapfern, standhaften

Manne

Manne aufzunehmen. Da er darauf den 3.
Januar öffentlich die Sache vortrug, nennte
er mich beynahe nach jedem dritten Worte,
und drohte mir immer. Seine ganze Absicht
gieng darauf, wie er mich, nicht durch den
Weg eines ordentlichen Gerichtes und Ver=
höres, sondern durch Gewalt und Macht stür=
zen könnte. Wäre ich seinem verwegenen Un=
ternehmen nicht mit Tapferkeit und Muth wi=
derstanden, wer würde meine Tapferkeit, die
ich in meinem Consulate gezeigt, nicht eher
für Zufall, als Vorsatz und Entschlossenheit
gehalten haben? Wenn Sie nun nicht wuß=
ten, daß ihr Bruder solche Absichten wider
mich habe; so glauben Sie nur sicher, ihr
Bruder habe Ihnen das wichtigste verschwie=
gen. Hat er Ihnen aber seine Absichten und
Anschläge mitgetheilt; so können Sie auf mei=
ne Duldsamkeit und Sanftmuth schließen, weil
ich Sie nicht einmal darüber zu Rede stelle.
Da Sie nun sehen, daß mich nicht etwa ein
Wort ihres Bruders, wie Sie schreiben, son=

dern

dern sein Betragen, und feindseliges Herz aufgebracht; so hören Sie meine Leutseligkeit,
wenn man je bey der größten Ungerechtigkeit
und Unbild, die man erlitten hat, ein nach-
läßiges, und gleichgiltiges Wesen so nennen
kann. Niemals gab ich eine Stimme wider ihren Bruder: so oft seinetwegen was vorfiel, gab
ich sitzend jenen meinen Beyfall, derer Stimme
mir die gelindeste schien.   Ich setze noch was
dazu: und das wäre meine Schuldigkeit nicht
gewesen; ich sah es doch gleichwohl nicht un-
gerne, und half sogar noch dazu, daß meinem
Feinde zum Besten, bloß weil er ihr Bruder
war, der Senatschluß geändert wurde.

Ich griff also ihren Bruder nicht an, sondern schützte mich nur wider ihn: und war,
wie Sie sagen, nicht wankelmüthig gegen
Sie; sondern so standhaft, daß ich immer
gleich gut gegen Sie dachte, obwohl ihre Liebe zu mir und ihre Dienstfertigkeit erkaltete.
Und eben zu dieser Zeit, da Sie mir in
ihrem Briefe drohen, schreib' ich Ihnen so
zurück:

zurück: Ich halte Ihnen ihre Betrübniß zu
gute: lobe Sie noch darum; denn meine eigne Empfindung lehrt mich, wie viel Bruder-
liebe über uns vermag. Aber dafür begehre ich von Ihnen, daß auch Sie von meinen Leiden billig urtheilen: wenn mich die Ihrigen mit so viel Bitterkeit, so grausam, so
ohne Ursache angegriffen; so sollten Sie mir
nicht nur recht geben, daß ich meinen Feinden nicht wich, sondern hätten mich noch selbst
auch mit Hilfe ihres Heeres schützen sollen.
Ich suchte Sie immer zu meinem Freunde:
gab mir immer Mühe, Sie entgegen wieder
von meiner außnehmenden Liebe gegen Sie zu
überzeugen: so denke ich noch, und werde so
denken und handeln, so lange es Ihnen beha-
get: und eher will ich aus Liebe zu Ihnen
ihren Bruder aufhören zu hassen, als daß deßwegen unsere Liebe gegeneinander geschwächet
werde. L. S. w.

Drit-

Dritter Brief.

Inhalt.

Dieser Metellus war der Bruder zu dem vorigen; er hieß Q. Cäcilius Metellus Nepos. Da er es lange mit dem Clodius, der Claudia Bruder, wider den Cicero gehalten hatte; erklärte er sich endlich zur Zeit seines Consulates, da es unter den Clodianern oft zu blutigen Schlägereyen gekommen war, im Senate für den Cicero, und gab auch seine Stimme, man sollte den Cicero aus dem Elende zurückrufen. Dieß geschah; und die beyden versöhnten sich wieder miteinander. Doch hatte Metellus darüber vom Clodius, und seinen Anhängern vieles auszustehen. Dieß schreibt er in diesem Briefe dem Cicero, und versichert ihn seiner Liebe. Im Jahre 697.

B   Q. Me-

Q. Metellus Nepos an den M. T. Cicero.

Ihre Liebe und Neigung zu mir, mein Cicero, erſetzen mir die Läſterungen, womit mich der unverſchämte Clodius in öffentlichen Zuſammenkünften ſo oft beſchimpfet. Doch die Angriffe von ſo einem Manne machen wenig Eindruck; ich verachte ſie. Statt dieſes Menſchen halte ich nun Sie für meinen Bruder! ich will mich ſeiner nicht einmal mehr erinnern; obwohl ich ihn ſchon zweymal wider ſeinen Willen gerettet habe.

Um Ihnen mit einem langen Briefe, und wiederholten Schreiben nicht beſchwerlich zu fallen, ſchrieb ich an den Lollius, und trug ihm auf, Sie zu berichten, und zu erinnern, was ich wünſchte, daß Sie mir in Angelegenheiten meiner Provinz thun ſollten. Behalten Sie, wenn es Ihnen möglich iſt, ihre vorige Gewogenheit gegen mich. L. S. w.

Vier-

Vierter Brief.

Inhalt.

Diesen Brief schrieb Cicero an den Metellus Nepos, da dieser Consul, und noch sein Feind war. Cicero hörte, daß sich Metellus erkläret habe, aus Liebe zur Ruhe die Feindschaft beyseite zu setzen, und in die Wiederrufung des Cicero einzuwilligen. Cicero schrieb deßwegen an ihn, und ersuchte ihn, daß er doch auf diesem Entschlusse bleiben möchte. Im Jahre 696.

M. T. Cicero an den Metellus Nepos, Consul.

Die Briefe ihres Bruders Quintus, und des T. Pomponius meines alten Freundes, machten mir große Hoffnung, daß ich mir eben so viele Hilfe von Ihnen, als ihrem Collegen Lentulus zu versprechen hätte. Deßwegen schickte ich Ihnen gleich einen Brief

in

in dem ich Ihnen, meinen Umständen gemäß, dankte, und Sie für die Zukunft um ihre Hilfe ersuchte. Hernach aber vernahm ich durch schriftlichen und mündlichen Bericht derjenigen, welche hier durchreiseten, daß Sie ihre Gesinnung wieder geändert hätten: und da wagte ichs nicht, Ihnen mit meinen Briefen beschwerlich zu fallen. Itzt aber schrieb mir Quintus ihr Bruder, wie vortheilhaft Sie für mich im Senate gesprochen hätten: das bewog mich nun, einen Brief an Sie zu schreiben, und Sie, so weit ihr Entschluß reicht, zu bitten, Sie wollen lieber die Ihrigen mit mir erhalten, als mich wegen der stolzen Grausamkeit ihrer Anverwandten, mit drücken. Sie überwanden sich, dem Staate zu Liebe, die Feindschaft gegen mich beyseite zu legen: sollten Sie sich nun bewegen lassen, die Feindschaft andrer gegen mich wider den Staat zu unterstützen? Wenn Sie mir durch ihre Güte helfen, so versichere ich Sie, in allen Gelegenheiten nach ihrem Willen zu leben: wenn

mir

mir aber weder der ganze Senat, noch die Vornehmern im Senate, noch das Volk, wegen der Gewaltsamkeit, die mich und den Staat überwältiget hat, helfen dörfen: so sehen Sie zu, daß es nicht endlich so weit komme, daß Sie die Zeit wieder zurückzurufen wünschten, in der Sie alle erhalten könnten, und in der man keinen mehr wird erhalten können. K. S. w.

Fünf=

Fünfter Brief.

Inhalt.

Cajus Antonius war ein Sohn des Marcus Antonius, der durch den Marius, weil er ein Anhänger des Sylla war, getödtet wurde. Cajus war Consul, aber beym Volk nicht im Ansehen. Im Herzen hielt er es mit dem Catilina; doch aber wußte ihn Cicero so zu gewinnen, daß er Zeit seiner Regierung seine bösen Absichten nicht ins Werk setzen konnte. Ja er zog sogar mit wider den Catilina ins Feld: übergab aber sein Heer, das er anführen sollte, dem Petrejus. Dieser schlug den Catilina, und deßwegen erhielt Antonius den Titel Imperator, und einen Lorbeerzweig. Antonius schenkt diesen nicht, wie es gewöhnlich war, dem Jupiter, sondern nahm ihn mit in die Provinz Macedonien, die ihm Cicero, ihn noch mehr zu gewinnen,

winnen, freywillig überlaſſen hatte.   In
dieſer Provinz war ſein Betragen ſehr
ſchlecht : er war eigennützig, nachläßig,
wollüſtig.   Er bekriegte ſelbſt Bundsge=
noßne der Römer.   Deßwegen ward er
nach Hauſe berufen, vor Gerichte geſtellt,
und verurtheilt.   Er lebte dann außerhalb
Rom, ohne Würde und Antheil am Staate.

Dieſen Brief ſchrieb ihm Cicero,
als Cajus Antonius erſt einen Som=
mer in der Provinz geweſen war.   Er
beklagt ſich, über die geringe Freund=
ſchaft, die er ihm bezeugte, und empfiehlt
ihm den Attikus, der Geſchäfte halber
nach Macedonien reiſen mußte.   Im
Jahre 691.

M. T. Cicero, des Marcus Sohn, an den Imperator, Cajus Antonius.

Ich hatte mirs feſt vorgenommen, keinen
andern, als Empfehlungsbriefe an Sie
zu ſchreiben.   Nicht als wenn ich wüßte, daß

derley Briefe etwa großen Eindruck auf Sie
machten; sondern denjenigen, die mich etwa
darum ersuchen würden, nicht Anlaß zu geben, daß Sie glauben könnten, unsre Freundschaft sey so enge nimmer, als sie war. Aber
da T. Pomponius, der von meiner Neigung
und werkthätigen Liebe gegen Sie überzeuget
ist, der Ihnen von Herzen gut will, und mich
ausnehmend liebt, zu Ihnen reiste; mußte ich
ihm doch, selbst ihn zufrieden zu stellen, einen
Brief an Sie mitgeben.

Wenn ich auch die größten, und wichtigsten Dienste von Ihnen foderte, so soll es
Niemanden wundern: denn ich habe gegen
Sie auch alles gethan, was immer zu ihrer
Bequemlichkeit, zu ihrer Ehre und Ansehen
was beytragen konnte. Daß Sie mir für alle
diese Dienste niemal den geringsten Dank erwiesen; wissen Sie selbst am besten: im Gegentheile sagten mir viele, daß Sie feindselig
gegen mich gehandelt: denn daß ich es erfahren habe, getrau' ich mir nicht zu sagen; ich
möchte

möchte sonst das nämliche Wort gebrauchen, das Sie, wie man sagt, so oft wider mich ohne Grund gebrauchen. Aber diese Nachrichten soll Ihnen Pomponius, dem sie eben so nahe giengen, mündlich sagen; ich mag sie Ihnen nicht selbst schreiben.

Wie außerordentlich gefällig ich gegen Sie handelte, davon kann der Senat, und das ganze römische Volk zeugen. Von ihrer Dankbarkeit gegen mich mögen Sie selbst, von dem aber, was Sie mir schuldig wären, mögen andre urtheilen. Was ich vormals ihretwegen gethan habe, that ich erst aus gutem Willen; und dann aus Beständigkeit. Das, was noch zu thun ist, fodert wahrlich von meiner Seite viel mehr Eifer, mehr Nachdruck und Mühe: wenn ich sehe, daß meine Arbeit nicht vergebens und fruchtlos ist, so will ich alle meine Kräfte dazu verwenden: sind Ihnen aber meine Dienste unangenehm, so will ich mich nicht bloß geben, daß Sie mich für thöricht halten könnten. Worinn et-

B 5   wa,

wa, und auf was für eine Art ich Ihnen
Dienste leisten könnte, wird Ihnen Pompo=
nius Attikus sagen. Diesen Pomponius
empfehle ich Ihnen auf das angelegentlichste:
ich glaube zwar, Sie sind ihm, selbst um sei=
netwillen gut: aber ich ersuche Sie doch da=
rum. Da, in des Pomponius Angelegen=
heiten, können Sie zeigen, wie viel Sie mich
noch lieben. Beweisen Sie mir diese Gefäl=
ligkeit. L. S. w.

Sechs=

Sechster Brief.

Inhalt.

Publius Sestius oder Sextius Gal-
lus bewirkte die Wiederrufung des Cicero mit großem Eifer, und hatte entgegen auch in seinen Angelegenheiten einen
mächtigen Vertheidiger am Cicero. Da
Cajus Antonius, Proconsul in Macedonien gewesen, war Sestius sein Quästor. Unter der schlechten Regierung des
Antonius ward Sestius seiner Quästur
bald müde; und verlangte also wieder
nach Rom kehren zu dörfen: da er aber
hörte, daß Antonius sollte zurückberufen
werden, wünschte er sich wieder Quästor
zu bleiben, um indessen Interims Proconsul zu werden. In dieser Absicht
schrieb er an den Cicero, und ersuchte
ihn, daß er ihm dieses zu Rom auswirken möchte.

Darauf

Darauf antwortet ihm Cicero halb scherzhaft, nennt ihn in der Aufschrift des Briefes Proconsul: und setzt noch einige Nebendinge bey. Im Jahre 692.

M. T. Cicero an den Proconsul Sestius.

Ihr Schreiber Decius kam zu mir, ersuchte mich, daß ichs auswirken möchte, daß man Ihnen bey der itzigen Lage zur Quästur keinen Nachfolger schicken sollte. Ich wußte zwar, daß er ein ehrlicher Mann und ihr Freund ist. Aber da ich an den Brief zurück dachte, den Sie mir unlängst geschrieben, kam mirs unglaubbar vor, daß ein kluger Mann seine Gesinnung so geschwind ändern sollte. Aber nachdem ihre Cornelia meine Terentia besucht, und ich mit dem Q. Cornelius geredet hatte; war ich immer gegenwärtig, so oft Senat gehalten wurde; und ließ mirs äußerst angelegen seyn, die Sache dahin zu bringen, daß Q. Fusius der Tribun, und die

übrigen

übrigen, denen Sie geschrieben, eher mir glaubten, als ihren Briefen. Die Sache ward bis
in den Monat Januar verschoben; aber dann
erhielt ich es leicht.

Sie wünschen mir Glück, schrieben Sie
mir jüngst, daß ich dem Crassus sein Haus
abgekauft. Ich kaufte es auch auf ihren Brief
wirklich um fünf und dreyßigmal hundert tau-
send Sestertien * Sehen Sie nun, ich habe
so viel Schulden, daß ich mich zur catilinarischen Rotte mit verschwören möchte, wenn
sie mich nur annehmen wollten. Aber aus
Feindschaft schließen sie mich aus, und hassen
mich offenbar, als den Rächer ihrer Verschwörung; trauen mir nicht, und fürchten sich vor
meinen Nachstellungen; und glauben nicht,
daß der Mann kein Geld haben sollte, der die
Wucherer aus den Händen des Catilina be-
freyet

---

* Nach Eisenschmid 116. 666⅔ Thaler: welche
den kleinen Sesterz zu 2 kr. berechnen, zehlen
so viel Gulden.

freyet hatte. Es giebt freylich eine Menge
böser Schuldleute, aber ich hab' es mit mei=
nen Thaten so weit gebracht, daß man mir
auf meinen Namen Geld giebt. — — Ich be=
sah ihr Haus, und ihren ganzen Bau, und
fand alles trefflich.

Obwohl man deutlich sieht, wie unfreund=
schäftlich sich Antonius gegen mich beträgt,
so vertheidigte ich ihn doch im Senate mit
Angelegenheit und Nachdruck; und fand auch
beym Senate durch meine Vorstellungen und
Ansehen sehr viel Eingang. Schreiben Sie
doch auch oft an mich. L. S. w.

Siebens

Siebenter Brief.

Inhalt.

Pompejus Magnus war ein Sohn des Pompejus Strabo; menschenfreundlicher, und auch beliebter, als sein Vater. Bey dem Kriege zwischen dem Marius und Sylla war er auf der Seite des letzteren, und erwarb sich durch seine Thaten einen großen Ruhm, den Titel Imperator, den Beynamen Magnus, und die Freyheit, obwohl er noch nicht im Senate war, einen Triumph zu halten. Nach einer Zeit gab man ihm aus Zutrauen gegen seine Lebhaftigkeit und Klugheit, die unumschränkte Herrschaft über das ganze mittelländische Meer und alle Meerbusen, alle Inseln, und auch auf den Küsten des festen Landes bis über 12 Meilen weit vom Meere. Hernach trug man ihm auf, wider den asiatischen König Mithridates zu Felde zu ziehen.

Pom-

Pompejus siegte, und schrieb den über=
wundnen Städten Gesetze vor. Weil
nun der Senat zu Rom die asiatischen
Gesetze nicht gutheißen wollte, verband sich
Pompejus mit dem Cäsar: bekam dann
wieder Uneinigkeit mit ihm, und zog wider
ihn zu Felde. Pompejus ward geschlagen,
floh in Aegypten, ward aber ermordet.

Diesen Brief schrieb Cicero dem
Pompejus nach dem Ende des mithri=
datischen Krieges. Er wünscht ihm
Glück zu seinem Siege, und beklagt sich,
daß Pompejus seine Thaten in Rom so
kaltblütig ansah. Im Jahre 691.

M. T. ein Sohn des Marcus, Cicero, an den Cnejus Pompejus, Sohn des Cnejus, den Großen, Imperator.

Wenn Sie, und ihr Heer sich im Wohl=
stande befinden, so freut es mich; ich,
befinde mich gut. Ihr Brief, den Sie an den

Senat

Senat geschickt, machte mir und allen überhaupt unendlich viel Freude. Denn Sie zeigten darinn so viel Hoffnung zur künftigen Ruhe, als ich immer den Römern, aus Vertrauen,
auf Sie versprochen hatte. Ihre alten Feinde
entgegen, und itzt neue Freunde, wurden über
ihren Brief sehr bestürzt, und von ihrer Hoffnung herabgesetzt, sehr kleinmüthig.

Ihr Brief an mich verrieth zwar nur ein
bisgen Neigung zu mir: aber doch war er mir
angenehm. Denn nichts ergötzt mich so sehr,
als die Erinnerung meiner geleisteten Dienste; vergilt man mir diese eben nicht allemal
wechselweise, so übertreffe ich andere gerne an
Gefälligkeit und Liebe. Hätten auch meine
Dienste Sie mir nicht zum Freunde gemacht,
so würde uns doch die Sorge für den Staat
vereiniget, und verbunden haben.

Und damit ich Ihnen kein Geheimniß daraus mache, was ich in ihrem Briefe an mich
vermißte; will ichs Ihnen nur offenherzig
schreiben, so wies meine Natur, und unsere

C   Freund-

Freundschaft fodert. Ich verrichtete solche Thaten, zu denen ich in ihrem Briefe unserer Verbindung, und ihrer Liebe zum Staate gemäß
einen Glückwunsch erwartet hätte. Doch ich
denke, Sie sagten deßwegen kein Wörtgen davon, um nur niemanden zu beleidigen. Aber
was ich zum Wohl des Vaterlandes gethan,
bezeugt und billiget die ganze Welt. Sie werden bey ihrer Ankunft selbst sagen, daß ich
mich dabey so klug und starkmüthig betragen,
daß Sie, obwohl Sie größer noch sind, als
Afrikanus, mich doch, der ich nicht viel kleiner bin, als Lälius, würdig schätzen werden,
mit Ihnen sowohl in Verbindung des Staates, als der Freundschaft zu stehen. L. S. w.

Achter

Achter Brief.

Inhalt.

Marcus Licinius Craſſus Dives
war ein Sohn des Publius Licinius
Craſſus. In dem Kriege zwiſchen Marius und Sylla, hieng er dieſem an. Da
ſein Vater ermordet wurde, flüchtete er
ſich, blieb bis nach dem Tode des Marius 8 ganzer Monate in Spanien ver-
borgen, und half dann dem Sylla den
Sieg erfechten. Nachdem alles wieder
ruhig war, erhielt er von den Gütern
derjenigen, die im Elende waren, ſo
große Reichthümer, daß er der reichſte
Mann ſeiner Zeit geworden. Da einige
Klopffechter einen Aufſtand erweckten,
und nach und nach zu einem Heere er-
wuchſen, ſchlug ſie Craſſus. Dann
ward er mit dem Pompejus Conſul,
vereinigte ſich mit dem Cäſar, und machte ſich ſeines Geldes, ſeiner Dienſtfertig-

keit

keit und Freundlichkeit wegen, bey dem Volke beliebt. In seinem zweyten Consulate
mit dem Pompejus bewarb er sich um
die Provinz Syrien: und da er sie erhalten, zog er wider den Rath vieler
Römer gegen die Parther; und war in
einigen Unternehmungen sehr glücklich.
Aber ein Araber lockte ihn in unvortheil-
hafte Gegenden: und die Römer wurden
von den Parthern geschlagen; Crassus
von den Parthern zu einer Unterredung
eingeladen, und dabey erstochen.

Diesen Brief schrieb Cicero, da Crassus noch in Syrien war, und sich zum
Feldzuge wider die Parther rüstete. Er
schreibt ihm, daß er ihn in seiner Abwesenheit vertheidiget habe, und macht ihm
die gezwungensten Freundschaftsbezeugungen. Im Jahre 699.

M. T.

M. T. Cicero an den Marcus Licinius, des Publius Sohn, Craſſus.

Alle ihre Freunde werden es Ihnen ohne Zweifel ſchon geſchrieben haben, wie ſehr ich es mir angelegen ſeyn ließ, ihre Ehre zu ſchützen, oder auch zu vermehren. Denn mein Beſtreben und Handeln war nicht nur ſo gering und unbekannt, daß man nicht auch davon hätte reden ſollen. Ich zankte mich mit den Conſulen und vielen Conſularen mit ſo großem Eifer, als ich in keiner Sache noch gethan habe. Ich machte mich anheiſchig, in allem, was immer ihr Anſehen und ihre Würde betrifft, für Sie beſtändig zu ſtreiten: und erſetzte meine Pflicht reichlich, die ich Ihnen in Rückſicht unſerer alten Verbindung ſchon lange ſchuldig war, die aber durch zerſchiedene Umſtände der Zeit unterbrochen ward. Glauben Sie ſicher, an meinem Willen, Sie zu lieben oder zu ehren, fehlte es mir nie: aber eine gewiße Seuche von Leuten, denen bey

fremden

fremdem Lobe die Ohren gällen, entfernten
Sie und ihre Neigung von mir, und änder-
ten auch meine Gesinnung gegen Sie. Aber
nun kam eine Zeit, die ich mir schon lange
wünschte und hoffte, in der ich bey ihrem vol-
len Glücke zeigen konnte, daß ich meine ehe-
malige Neigung nicht vergessen habe, und daß
ich mit der ganzen Aufrichtigkeit noch ihr
Freund sey. Denn ich erhielt, daß mich nicht
nur ihr ganzes Haus, sondern auch die ganze
Stadt für ihren besten Freund ansah. Die
trefflichste Frau also, ihre Gattinn, und ihre
Söhne, Herren von der größten kindlichen
Liebe, Tapferkeit und Gunst bey jedermann,
verlassen sich nun ganz auf meinen Rath, meine Erinnerungen, und meine Thätigkeit: selbst
der Senat, und das römische Volk sieht es
ein, daß ich die größte Bereitwilligkeit habe
in allen Stücken, die Sie betreffen, meine
Dienste, Sorgfalt, Fleiß, und Ansehen für Sie
zu verwenden.

Was

Was vorgegangen ist, oder wirklich vor
geht, werden Ihnen die Ihrigen schon berichten. Von mir dörfen Sie sicher glauben, daß
ich nicht von ungefähr auf den Einfall gerieth,
Ihnen, großer Licinius, durch meine Dienste gefällig zu seyn. Denn von der Zeit an,
da ich anfieng öffentlich als Mann erkläret zu
werden, trachtete ich in jeder Gelegenheit, wie
ich mit Ihnen in Verbindung kommen könnte.
Und von dieser Zeit an erinnere ich mich, daß
ich Ihnen unausgesetzt meine Achtung, und
Sie mir ihre völlige Gewogenheit und Freundschaft erwiesen. Ist hie und da so was mit
untergelaufen; so war es nie Thatsache, sondern nur Verdacht: aber weil das meistens
Dinge ohne Grund, oder Kleinigkeiten waren;
so seyn sie alle getilgt aus unserm Gedächt-
nisse, und ganzen Leben! Denn Sie sind so
ein Mann, und ich trachtete es auch zu seyn,
daß ich hoffe, unsre Freundschaft und Verbindung werde uns in einerley Umständen des
Staates, in denen wir leben, zum Ruhme
gereichen.   C 4   Wie

Wie viel Sie also nach ihrem Urtheile von mir zu halten haben, mögen Sie selbst bestimmen: und ich hoffe, Sie werden es auch meinen Verdiensten gemäß bestimmen. Ich entgegen verspreche und betheure Ihnen, daß ich auf meiner Seite in allen Gelegenheiten Ihnen zu dienen, wenn es immer ihre Ehre und Ruhm betrifft, den größten Eifer bezeigen werde. Und gesetzt, es bestreben sich noch viele andre, eben so gegen Sie zu handeln; so werden doch alle, selbst ihre Söhne mir den Vorzug geben: ich liebe beyde ausnehmend; doch ist mir Marcus nicht so sehr gewogen. Deßwegen liebe ich auch den Publius mehr: denn dieser schützte und liebte mich von Jugend an; besonders aber itzt, wie seinen andern Vater.

Halten Sie dieß Schreiben nicht bloß für einen Brief, sondern für ein Bündniß: und glauben Sie sicher, daß ich alles, was ich Ihnen hier versprach, unverbrüchlich halten, und mit Genauigkeit befolgen werde. Die Vertheidigung ihrer Ehre, die ich in ihrer Abwesenwesenheit über mich genommen, werde ich nicht aus Freundschaft nur, sondern auch aus Standhaftigkeit fortsetzen. Deßwegen schreibe ich Ihnen nur, daß ich alles ohne daran erinnert zu werden, von selbst thun werde, was ich immer sehe, daß ihrem Wunsche, ihrem Vortheile, oder Ansehen zuträglich ist. Sollten aber Sie mich, oder die Ihrigen um etwas ersuchen, so will ich zeigen, daß weder ihre Briefe, noch die Aufträge der Ihrigen bey mir fruchtlos sind. Deßwegen schreiben Sie mir auch, wie an ihren innersten Freund, alle ihre Angelegenheiten, sie mögen nun wichtig oder geringe, oder gar Kleinigkeiten seyn. Befehlen Sie den Ihrigen, Sie sollen sich meiner Dienste, meines Rathes, meines Ansehens und Gunst, die ich bey andern habe, in allen öffentlichen, besondern, gerichtlichen, und Hausangelegenheiten, es mag nun Sie oder ihre Freunde, ihre Gast- oder Schutzfreunde betreffen, so bedienen, daß mein Eifer und Arbeit das sehnende Verlangen nach Ihnen in etwas mildern. L. S. w.   C 5   Neun-

Neunter Brief.
Inhalt.

Publius Vatinius war ein Mann, der den schlimmern Absichten des Cäsars vollkommen diente. Er bewirkte, daß das Volk dem Cäsar die Provinz Gallien und Illyrien auf 5 Jahre überließ: er erkaufte sich die Stimmen zur Prätur, und ward vom Cäsar im Jahre 706 zum Consul ernannt. Darauf schickte ihn Cäsar als Proconsul in Illyrien, die aufrührischen Völker zu bändigen. Vatinius war glücklich, und erhielt den Titel Imperator.

Um nun auch in Rom ein Dankfest zu erhalten, schrieb er im Jahre 708 an den Cicero, und ersuchte ihn, daß er es doch dahin bringen möchte, daß man seinetwegen in Rom ein Dankfest anstelle. Dafür verspricht er ihm, alle Mühe anzuwenden, seinen flüchtigen Sklaven wieder aufzufinden. Im Jahre 708.

Vati‑

Vatinius Imperator, an seinen Cicero.

Es freut mich, wenn Sie sich wohl befinden: ich befinde mich wohl. Wenn Sie noch, wie ehmals, Leute, die sich Ihnen anvertrauen, in Schutz nehmen, so kömmt hier ein Client P. Vatinius, und bittet Sie zu seinem Sachwalter. Ich hoffe, Sie werden den, dessen Sie sich in seiner Gefahr angenommen, nun, da es seine Ehre betrifft, nicht verstoßen. Wen sollte ich mir eher zu meinem Sachwalter wählen, wen eher um Hilfe bitten, als den Mann, unter dessen Beystand ich schon einmal siegte? Soll ich etwa fürchten, der Mann, der um mich zu retten die Verbindung der mächtigsten Männer verachtet hat, werde sich itzt von dem Neide, und den Widersprüchen einiger schwachen und nichtswürdigen irre machen lassen?

Wenn Sie mich also noch lieben, wie Sie mich ehmals liebten; so nehmen Sie sich meiner ganz an, und tragen Sie diese Last meiner

Ehre

Ehre und Ansehen zum Besten. Sie wissen, wie mein Glück (ich) weiß nicht, wie es kömmt) immer seine Feinde hat: mein Verschulden ist es gewiß nicht: aber was liegt daran, aus was immer für einem Geschicke, wenn es nun einmal so ist?

Sollte sich jemand meiner Ehre widersetzen, so bitte ich Sie, Cicero, beschützen Sie mich, und zeigen Sie mir ihre Güte, wie Sie es immer gewöhnt sind, auch in meiner Abwesenheit. Was ich dem Senate für meine ausgeführten Thaten für einen Bericht abgestattet, setze ich Ihnen hierunten bey.

Ihr flüchtiger Vorleser, höre ich, soll sich bey den Vardäern aufhalten. Sie haben mir zwar seinethalben keinen Auftrag gemacht: aber ich lasse ihn doch zu Wasser und zu Land aufsuchen. Wenn er nicht nach Dalmatien geflohen, bekomm' ich ihn gewiß: und wäre er auch da hinein, so will ich ihn schon herauskriegen. Lieben Sie mich, Cicero, und s. s. w. Den 11. Quintilis (Julius) aus dem Lager bey Narona.

Zehn-

Zehnter Brief.

Inhalt.

Cicero hatte den Vatinius seines entflohenen Sklaven Dionyſius wegen erſucht, und für den Seeräuber Catilius gebethen. Darauf antwortet nun Vatinius, verſpricht dem Cicero alles, und wiederholt ſeine Bitte wegen dem Dankfeſt, und klagt über einige widrige Zufälle in einem Fedzuge. Im Jahre 708.

P. Vatinius an ſeinen Cicero.

Es freut mich, wenn Sie ſich wohl befinden: ich befinde mich wohl. Von ihrem Dionyſius hörte ich noch kein Wörtgen: und das um ſo weniger, weil die dalmatiſche Kälte, die mich von dort weggetrieben, meinen Eifer auch hier in etwas erkältet hat. Ich mache doch des Suchens kein Ende, bis ich ihn aufgefunden. Aber da geben Sie mir lauter ſolche harte Aufträge: des Catilius we-

gen

gen schreiben Sie mir, ich weiß nicht was für
eine, angelegentliche Bitte. Mit unserm Sex-
tus Servillus können Sie nur fein hübsch
schweigen: denn ich versichere Sie, daß ich
ihn auch selbst liebe. Aber nehmen denn
Sie, Cicero, solche Clienten, solche Vertheidi-
gungen an? Den grausamsten Menschen auf
dem Erdboden, der so viele freygebohrne, römische Jünglinge, so viele Mütter, so viele römische Bürger getödtet, gefangen genommen,
zu Grunde gerichtet, und so viele Länder ver-
wüstet hat? Der Affe, kaum einen Heller werth,
hat die Waffen wider mich ergriffen: — Herr,
ich nahm ihn im Kriege gefangen. Doch was
kann ich thun, mein Cicero? aufrichtig; alles, was Ihnen gefällt. Ihnen zu Liebe schen-
ke ich ihm die Züchtigung und die Todesstra-
fe, die ich an diesem Gefangenen gesinnt war,
zu nehmen. Aber was soll ich denen sagen,
die die Sache gerichtlich anhängen wollen, daß
er ihnen ihre Güter geplündert, die Schiffe
weggenommen, ihre Brüder, Aeltern und Kin-

der

der ermordet habe? Und wenn ich so unverschämt wäre, wie Appius, der vor mir Augur war, so könnte ich doch dieses nicht
vertheidigen. Wie wird es also gehen? je
nun; ich werde genau alles nach ihrem Willen
thun. Q. Volusius ihr Schüler spricht für
ihn: vielleicht treibt dieses seine Gegner zurück: ich hoffe wenigst sehr darauf.

Sie aber, Cicero, sprechen in Rom für
mich, wenn es Noth hat. Cäsar handelt noch
immer ungerecht gegen mich: von dem Dank-
feste und meinen Thaten in Dalmatien hat
er noch keine Meldung gethan im Senate:
als wenn ich in Dalmatien nicht Dinge gethan hätte, die mit allem Rechte einen Triumph verdienten. Wenn ich warten muß, biß
der ganze Krieg zu Ende ist; so sind in Dalmatien noch zwanzig alte Städte, die sich
selbst mit mehr, als sechzig Städten verbunden
haben: gesteht man mir nicht ehe das Dankfest zu, als bis ich alle diese erobert habe, so
behar-

behandelt man mich anders, als die übrigen Imperatoren.

* Nachdem man mir ein Dankfest zuge- standen, reiste ich in Dalmatien, eroberte sechs Städte mit Gewalt. Die größte darunter hatte ich schon viermal erobert: denn ich hatte vier Thürme, und vier Mauern erobert, und ihr ganzes Schloß. Aber Schnee, Kälte und Regen verjagten mich wieder daraus; und ich sah mich gezwungen, die beynahe schon ganz eroberten Städte, und den Krieg zu verlassen, der sich fast seinem Ende näherte. Wenn es also die Sache fodert, so vertheidigen Sie mich beym Cäsar, und überhaupt in allen Gelegen- heiten. Glauben Sie sicher, Sie haben keinen bessern Freund, als mich. X. S. w. Den 5. December bey Narona.

Eilf-

---

* Andere fangen hier einen neuen Brief an: aber kann nicht diese Nachricht gekommen seyn, eh' er Gelegenheit hatte das vorige wegzuschicken?

Eilfter Brief.

Inhalt.

Cicero antwortet auf einen Brief des Vatinius, der zur nämlichen Zeit geschrieben worden, aber verlohren gieng. Cicero verspricht dem Vatinius seine Dienste: thut Meldung von seinem flüchtigen Dionysius, und macht ihm Hoffnung zum dalmatischen Triumphe. Im Jahre 708.

M. T. Cicero an den P. Vatinius, Imperator.

Daß Ihnen meine Dienste angenehm sind, darüber wundere ich mich nicht: denn ich hielt Sie immer für den dankbarsten Mann; und rühmte es auch bey jeder Gelegenheit. Aber Sie dankten mir nicht nur bloß mit Worten, sondern vergalten mirs auch überflüssig im Werke. Sie werden also finden, daß ich mich auch ihrer übrigen Angelegenheiten

D   mit

mit der nämlichen Wärme und Eifer annehmen werde.

Auf ihre Empfehlung ihrer Gemahlinn
Pompeja, der vortrefflichsten Frau, redete ich
gleich mit unserm Sura, mit dem Auftrage,
er sollte ihr sagen: sie möchte mirs nur melden, worinn ich ihr dienen könnte; ich würde alle ihre Befehle mit dem größten Eifer
und Sorgfalt vollziehen. Und so will ich es
auch thun, Vatinius: und sie, wenn ich es
nothwendig finde, selbst besuchen. Sie aber
können ihr schreiben, keine ihrer Angelegenheiten könne so wichtig, keine so unbedeutend seyn,
daß ich sie entweder für zu beschwerlich, oder
zu unanständig für mich halten sollte. Alles,
was ich ihretwegen thue, wird mir leicht und
rühmlich scheinen.

Wenn Sie mich lieben, Vatinius, so bringen Sie das Geschäft des Dionysius wegen
zu Ende. Was Sie ihm auch immer versprechen,

chen, das werde ich halten. Sollte er aber den Kopf setzen, wie es scheint, so können Sie ihn als Gefangenen im Triumphe führen.

Den Dalmatiern sollens die Götter ver= gelten, daß sie Ihnen so viel Verdruß machen! Aber sie werden in kurzem, wie Sie schreiben, unter ihrem Joche stehen, und ihre Unterneh= mungen noch mehr verherrlichen. Denn man hielt sie immer für streitbare Leute. L. S. w.

Zwölf=

Zwölfter Brief.
Inhalt.

Lucius Luccejus war ein reicher, angesehener, gelehrter Senator. Er gab sich nicht viel mit Staatssachen ab, sondern lebte in Ruh auf seinen Gütern nahe bey Rom. Seine größte Beschäftigung war die Geschichte des Vaterlandes. Schade, daß seine Werke verlohren giengen! In diesem Briefe ersucht ihn Cicero, er möchte sich doch Mühe geben, die ganze Geschichte des Cicero, in so weit sie den Staat betreffe, ausführlich zu beschreiben. Im Jhare 697. Ein Jahr nach der Zurückkunft aus dem Elende.

M. T. Cicero an den L. Luccejus, des Quintus Sohn.

Oft wollte ich Ihnen das nämliche mündlich sagen; aber immer hielt mich eine beynahe unartige Schamhaftigkeit zurück. Meine

ne Abwesenheit macht mich itzt etwas dreu=
ster: denn der Brief wird nicht roth. Herr,
ich fühle eine unglaubliche Begierde, (und
ich glaube nicht, daß sie tadelnswerth ist),
meinen Namen durch ihre Schriften berühmt,
und verherrlichet zu sehen. Sie sagten schon
oft, daß Sie es thun wollen; und ich erin=
nere Sie da schon wieder daran: halten Sie
mir immer meine Eilfertigkeit zu Gute. Denn
ob ich mir gleich von ihren Schriften die treff=
lichste und vortheilhafteste Vorstellung machte;
so übertrafen sie doch meine Erwartung un=
endlich: nahmen mich so ein, und machten
meine Begierde so lebhaft, daß ich verlangte,
nur recht geschwind in ihren unsterblichen
Schriften der Welt empfohlen zu werden.
Mich reißt aber nicht so fast das Andenken
bey der Nachwelt zur Hoffnung unsterblich zu
werden, als die Begierde, noch im Leben mich
des Ansehens ihres Zeugnisses, oder der Größe
ihrer Gewogenheit gegen mich, oder der rei=
zenden Annehmlichkeit ihres Verstandes freuen
zu können.   D 3   Ich

Ich wußte es zwar wohl, da ich dieses
schrieb, was eine Menge Geschäfte Sie hatten,
die Sie sich theils vorgenommen, theils schon
angefangen: aber weil ich sah, daß Sie mit
der Geschichte des italienischen, und des
Bürgerkrieges bald am Ende sind; und weil
Sie mir gesagt hatten, daß Sie nun die übri=
gen Begebenheiten unter die Feder nehmen;
so wollte ich mir die Gelegenheit nützen, und
es nun ihrem Urtheile heimstellen, ob Sie mei=
ne Geschichte mit der übrigen verweben, oder
die bürgerliche Verschwörung von den feind=
lichen und auswärtigen Kriegen trennen wol=
len. So machten es viele Griechen. Z. B.
Kallisthenes beschrieb den trojanischen, Ti=
mäus den Krieg des Pyrrhus mit den Rö=
mern, und Polybius den numantinischen
Krieg. Aber sie trennten diese Kriege von dem
Zusammenhange ihrer Geschichte. Zu meinem
Ruhme trägt es freylich nicht viel bey: aber
damit mein Ruhm seinen Glanz desto geschwin=
der erhalte; daran liegt viel, daß Sie nicht
warten,

warten, bis die Reihe auf diesen Zeitpunkt
kömmt; sondern daß Sie die ganze Geschichte,
und den Zeitpunkt sich itzt herauswählen. Und
wenn sich ihre ganze Denkungskraft auf einen
Stoff, und auf eine Person heftet; wird, nach
meiner Einsicht, die ganze Geschichte ausführ-
licher, und schöner ausgearbeitet.

Ich sehe es selbst ein, wie dreust ich hand-
le; daß ich Ihnen erstens so ein Geschäft auf-
lege: denn ihrer übrigen Arbeiten wegen könnten Sie mir es abschlagen; und dann, daß
ich von Ihnen begehre, daß Sie meine Thaten
rühmen sollen. Gesetzt nun, die schienen Ihnen nicht so ruhmwürdig? doch nur frisch;
wer sich einmal über die Gränzen der Schamhaftigkeit hinüber gewagt, der gehe seinen Weg
nur tapfer und ungehindert zu. Ich ersuche
Sie also um alles, stellen Sie meine Geschichte
auf einer schönern Seite vor, als Sie sich
dieselbe wirklich denken: weichen Sie von den
Gesetzen der Geschichte ab; aber nicht von jener angenehmen, schmeichelnden Schreibart,

D 4   von

von der Sie so artig in einer Vorrede schrie=
ben: Sie haben sich so wenig dadurch auf
Abwege leiten lassen, als beym Xenophon
Herkules von der Wollust. * Wenn mich
dieß schmeichelhafte Ding bey Jhnen empfiehlt,
so geben Sie ihm nur auch Gehör, und thun
Sie mir zu Liebe gleichwohl ein bisgen mehr,
als etwa die nackte Wahrheit foderte.

Wenn ich Sie zu diesem Geschäfte berede,
so haben Sie meinem Urtheile nach Stoff, der
ihrer Kräfte, und ihres Reichthumes an Ge=
danken würdig ist. Denn von dem Anfange
der Verschwörung bis auf meine Zurückkunft
aus dem Elende wäre Stoff zu einem zimli=
chen Werkgen. In diesem könnten Sie ihre
Wissenschaft in Staasveränderungen zeigen:
                                                        wenn

---

* Da Herkules auf dem Punkte stand, sich zu ei=
ner gewißen Art zu leben zu entschließen, und
eben in einem Walde allein der Sache nachdach=
te; erschienen ihm zwo reizende Göttinnen, derer
jede auf eine besondre Straße wies, Tugend
und Wollust.

wenn Sie izt die Urſachen der Unruhen und
Neuerungen anführen; izt Mittel angeben,
dieſen Uebeln abzuhelfen; wenn Sie das Feh-
lerhafte tadeln, das was Ihnen gefällt, aus
angeführten Gründen billigen und loben.·Und
wenn Sie die Sache nach ihrer Gewohnheit
weitläuftiger beſchreiben wollten, ſo könnten
Sie die Treuloſigkeit, die Nachſtellungen und
Verrätheren gegen mich, rügen. Die mannigfaltige Abwechslung meiner Zuſtände wird Ihnen hundertfache Aenderungen ihrer Schreibart darbiethen, welche die Leſer beſonders er-
gözen, und auf ihre Schrift aufmerkſam erhalten werden. Denn nichts unterhält den
Leſer mehr, als Mannigfaltigkeit der Umſtände, und Wechſel des Glückes. Da ich dieß
ſo ſelbſt erfuhr, ſehnte ich mich freylich nicht
darnach: aber im Leſen wird es mir angenehm
werden. Die ſichere, furchtloſe Erinnerung
an vergangene Leiden hat ihre eigne Ergö-
zung. Den übrigen, die das Elend nicht aus
eigner Erfahrung kennen, und fremde Un-

D 5 glücks-

glücksfälle ohne Schmerzen ansehen können,
macht selbst das Mitleiden ein angenehmes,
süßes Gefühl. Oder wen aus uns rührt nicht
der Tod des Epaminondas, der bey Man-
tinea starb, der sich dann erst den Pfeil her-
ausziehen ließ, da man ihm Nachricht gebracht, sein Schild sey gerettet: um so an
dem Schmerzen seiner Wunde zufrieden, und
mit Gelassenheit rühmlich zu sterben? Wen
wird nicht die Flucht und die Rückkehr des
Themistokles aufmerksam erhalten? Denn
selbst die Ordnung der Jahrbücher ist schon
unterhaltend, und das nur durch die bloße
Anzeige der täglichen Handlungen. Die zweifelhafte und mannigfaltige Zufälle eines großen Mannes entgegen erwecken Bewunderung,
Neugierde, Freude, Betrübniß, Hoffnung und
Furcht: wenn sie sich dann mit einem merk-
würdigen Ausgange schließen, so fühlt das
Gemüth des Lesers ein ersättigendes Vergnügen. Daher wäre es mir viel angenehmer,
wenn Sie sich entschlößen, meine Geschichte
gleich-

gleichsam als Auftritte von meinen Thaten und Begebenheiten, von dem Zusammenhange ihrer Schriften loszureißen, in denen Sie die ganze Reihe der Geschichte zusammenfassen. Denn meine Geschichte hat zerschiedene Aufzüge, zerschiedene Handlungen in Rücksicht der Entschlüsse, und der Zeit.

Ich besorge nicht, daß es etwa scheinen möchte, als ob ich durch eine kleine Schmeichelen ihre Gunst mir erschleichen wollte, da ich sage, ich wünschte besonders von Ihnen belobt und gerühmt zu werden. Denn Sie sind der Mann nicht, der sich nicht kennt, und der nicht eher die, die Sie nicht bewundern, für Neider, als die für Schmeichler hält, die Sie loben. Und dann bin auch ich nicht so thöricht, daß ich mich durch jenen, der Nachwelt wollte empfehlen lassen, der nicht auch selbst bey diesem Geschäfte fähig wäre, sich den Ruhm eines vortrefflichen Geistes zu erhalten. Denn selbst der große Alexander ließ sich nicht etwa nur aus Gefälligkeit vom

Apel-

Apelles malen, und vom Lysippus gießen;
sondern weil er glaubte, ihre Kunst würde
sowohl ihnen, als ihm zur Ehre gereichen.
Und diese Künstler machten das Bild des Kör=
pers auch denen kennbar, die es sonst nicht
kannten. Und hätte man auch dergleichen
nicht, so würden doch berühmte Männer deß=
wegen nicht weniger berühmt. Denn von je=
nem spartanischen Agesilaus wird etwa deß=
wegen nicht weniger rühmliches gesprochen,
weil er es niemal zugeben wollte, daß sein
Bildniß entweder gemalt oder gehauen wur=
de; als immer von jenen, die der Verewigung
ihres Bildnisses wegen alles angewendet haben.
Denn das einzige Büchgen Xenophons, der
diesem Könige das Lob gesprochen, übertrifft
unstreitig die Bildnisse und Statuen aller Für=
sten. Um desto vortrefflicher also ist es für
mich, sowohl für meine Freude, als den Wachs=
thum meines Nachruhmes, wenn ich durch
ihre Schriften, als durch andere gerühmt wer=
de: weil mir nicht nur ihr ausnehmender Ver=

stand

stand gute Dienste thut, wie es einst Timo-
leon vom Timäus, und Themistokles vom
Herodotus erfahren: sondern auch das Ansehen eines so berühmten und bekannten Mannes, der sich schon in den wichtigsten Angelegenheiten des Staates gezeigt, und vor andern Beyfall erhalten: daß ich auf diese Art
nicht nur die Ausbreitung meines Lobes (wie
einst Alexander, da er nach Sigäum kam, sagte, daß es Achilles vom Homerus erfahren);
sondern auch ein nachdrückliches und glaub-
würdiges Zeugniß von einem so berühmten,
und großen Manne erhalten würde.   Denn
Hektor beym Nävius gefällt mir immer. Ge-
lobt werden, sagt er, ist Freude; aber —
von einem lobeswürdigen Manne.

Wenn ich aber meine Bitte von Ihnen
nicht erhalte, das ist, wenn Sie Hindernisse
haben (denn eine abschlägige Antwort von Ihnen wäre unbillig); so bin ich vielleicht gezwungen, was zu thun, das oft manche tadeln:
ich werde nach dem Beyspiele vieler und auch
berühm-

berühmter Männer von mir selbst schreiben.
Aber dabey, wie Sie wissen, giebt es diese
Umstände: sein eigen Lob schreibt man immer
etwas zu geschämig; giebt es aber tadelnswer-
the Auftritte, so schweigt man gar davon. Das
zu findet die Sache eben keinen großen Glauben, sie macht wenig Ansehen und Nachdruck:
dann giebt es viele; die so ein Unternehmen
tadeln, und sagen: die Herolde in den Sing-
spielen seyn bescheidner; die, wenn sie andern
Siegern die Kränze aufgesetzt, und ihre Namen laut ausgerufen hätten, doch, wenn sie
selbst vor dem Ende des Spieles einen Kranz
zur Belohnung bekämen, einen andern Herold
gebraucheten, damit sie sich nicht selbst mit
eignem Munde als Sieger ausrufen müßten.
Sehen Sie, diesen Beschwernissen allen möchte ich ausweichen: und werde ihnen ausweichen, wenn Sie die Sache übernehmen: ich
bitte Sie noch einmal darum.

Und damit Sie sich nicht wundern, warum ich, bey ihrem wiederholten Versprechen

alle

alle Anſchläge, und Begebenheiten meiner Zei=
ten aufzuzeichnen, itzt ſo ſehr und ſo weitläuf=
tig deßwegen in Sie dringe, ſo ſag' ich Ihnen,
wie ich zu Anfange meines Briefes ſchon ſag=
te, daß das Verlangen, Sie möchten damit
nur gar nicht zögern, deßwegen ſo ſtark in
mir wird, weil ich voll freudiger Begierde
bin, daß mich ſo wohl andre noch bey mei=
nem Leben aus ihren Büchern zu kennen, als
ich ſelbſt mich noch an meinem Ruhme, den
ich bey der Nachwelt haben werde, zu ergötzen
im Stande ſey.

Wenn es mit ihrer Bequemlichkeit ſeyn
kann, ſo ſchreiben Sie mir, was Sie in der
Sache thun wollen. Denn, wenn Sie die
Sache über ſich nehmen, ſo will ich Ihnen
ein Verzeichniß von allem ſchicken: verſchieben
Sie es aber auf eine andere Zeit, ſo will ich
mündlich mit Ihnen darüber ſprechen.

Seyn Sie unterdeſſen nur fleißig, feilen
Sie das, was Sie angefangen haben, wohl
durch, und lieben Sie mich. L. S. w.

Drey=

Dreyzehnter Brief.

Inhalt.

Luccejus hatte den Cicero über den Tod seiner Tochter getröstet. Diesen Brief beantwortet nun Cicero. Im Jahre 708.

M. T. Cicero an den Luccejus.

Der Trost, den Sie mir in ihrem Briefe schickten, war mir sehr angenehm: denn ich sah daraus, wie vortheilhaft Sie gegen mich denken, und wie viele Klugheit Sie besitzen. Der größte Nutzen aber, den ich aus ihrem Briefe zog, war dieser, da ich sah, wie trefflich Sie alle menschliche Zufälle verachten, und wie wohl Sie sich gegen das Unglück gefaßt, und in Rüstung gesetzet haben. Ich hielt immer diesen Grad von Weisheit für den lobwürdigsten, wenn man nirgend von einem Dinge abhängt, noch außer sich erst unsichere Gründe sucht, gut oder böse zu leben.

Diese

Diese Betrachtung war mir noch nicht ganz
entfallen, denn sie steckte zu tief in meiner
Seele: aber doch von der Gewalt des Stur-
mes und dem Zusammenlaufe so vieler Leiden in
etwas geschwächt und erschüttert. Sie, mein
lieber Luccejus, suchten dieß wankende Rohr
wieder aufzurichten: und Sie haben es wirklich auch in ihrem letzten Briefe gethan, und
mir damit unendlich viel genützet. Ich kann
es Ihnen also nicht oft genug sagen: sondern
ich muß es Ihnen mit allem Nachdrucke erklären, daß mir nichts angenehmers hätte seyn
können, als ihr Brief.

Herr, ihre Gründe, die Sie mit so viel
Schönheit, und in so großer Menge gesam-
melt haben, waren die wirksamsten Trostgründe:
den meisten Eindruck aber machte die Kenntniß, die ich daraus von der Stärke und Größe ihres Geistes schöpfte. Dieser nicht nach-
zuahmen, würde ich mir für die größte Schande rechnen. Sehen Sie, wie ich Sie, meinen
Lehrer, sogar in ihrer Stärke übertreffe: denn

E   es

es scheint, als hätten Sie noch einige Hoff=
nung, als wenn es einst noch besser werden
könnte. Oder sagten mir nicht ihre Verglei=
chungen mit den Zufällen der Fechter, und ih=
re Gründe, die Sie in ihrer Vorstellung ge=
sammelt haben, deutlich genug, ich sollte an
dem Wohl unseres Staates nicht ganz ver=
zweifeln? Ihre Tapferkeit also ist eben so viel
wunderbares nicht; denn Sie hoffen noch auf
die Zukunft: aber ihre Hoffnung ist was wun=
derbares. Oder sieht nicht alles im Staate
so elend aus, daß Sie selbst bekennen müßen,
es sey beynahe alles schon ganz zu Grunde
gerichtet? Sie kennen alle Stände, und Glie=
der des Staates am besten: sehen Sie sich
um, und Sie werden nicht eines finden, das
nicht geschwächt und zerquetschet ist. Ich wür=
de sie alle nach der Reihe herzählen, wenn ich
das Ding etwa besser einsähe, als Sie; oder
wenn ich mich ohne Schmerz daran erinnern
könnte: obwohl ich nach ihrer Ermahnung
und Lehre jeden Schmerz beyseite setzen sollte.

Ich

Ich will also meine häusliche Leiden so
tragen, wie Sie mir rathen: die Gemeinen
aber des Staates vielleicht noch mit mehr
Starkmuth, als Sie selbst, mein Lehrer. Denn
Sie, wie Sie schreiben, tröstet noch eine Hoffnung; ich aber werde, ihrer Vorschrift gemäß,
mitte in der Verzweiflung, und ohne günstige
Aussicht, dennoch starkmüthig seyn. Denn
ihre Erinnerung an mein rechtschaffnes Betragen, und an meine Handlungen, die ich besonders unter ihrer Leitung ausübte, machen
mir viel Vergnügen. Ich that meinem Vaterlande gewiß nicht weniger, als ich schuldig
war; und vielleicht noch mehr, als man von
irgend einem menschlichen Muthe und Klugheit je gefodert hat. Verzeihen Sie mir, daß
ich mich da ein wenig selbst rühme: denn
wirklich erleichtert die Erzehlung jener Dinge
meinen Kummer, durch derer Erinnerung Sie
mir sagten, daß ich meine Betrübniß lindern
sollte.

Ich

Ich werde also, ihrer Ermahnung gemäß, mich von allem Kummer, und Aengstigkeiten losreißen, und mein Gemüth auf Gegenstände wenden, die im Glück Ehre, und im Unglück Trost bringen. Ich will so sehr suchen Umgang mit Ihnen zu pflegen, als es unser Alter und Gesundheit zulassen: können wir aber auch das weniger, als wir wünschten; so wollen wir doch mit vereinigten Herzen, uns an einerley Beschäftigungen ergötzen, daß es doch das Ansehen hat, als wären wir immer beysammen. L. S. w.

Vier-

Vierzehnter Brief.

Inhalt.

Luccejus schreibt dem Cicero, er solle sich doch nicht allzusehr grämen. Im Jahre 708.

Lucius Luccejus, des Quintus Sohn, an den M. Cicero, des Marcus Sohn.

Wenn Sie sich wohl befinden, freut es mich: ich befinde mich so, wie immer; doch itzt ein wenig schlimmer, als sonst. Ich fragte Ihnen oft nach, und sehnte mich recht sehr, Sie zu sehen. Daß Sie nach der Zeit, als Cäsar abgereiset, nicht in Rom gewesen, wunderte mich dort, und wundert mich itzt noch. Ich weiß eigentlich nicht, was Sie von hier meistens zurückhält.

Wenn Sie Vergnügen in der Einsamkeit finden, wenn Sie schreiben, oder sonst ihre gewöhnliche Beschäftigungen vornehmen; so freue

E 3 ich

ich mich, und halte Ihnen ihre Entschließung
zu gute. Denn es ist wirklich nichts angenehmers, nicht nur für diese armseligen und be-
trübten Zeiten, sondern auch bey ruhigen und
erwünschlichen; besonders für ein Gemüth,
wie das ihrige, welches theils ermüdet ist,
und nun von seinen großen Beschäftigungen
Ruhe sucht: theils aber Geschmack an Gelehrsamkeit hat, und immer in sich selbst Stoff
findet, andere zu vergnügen, und sich selbst
berühmt zu machen.

Wenn Sie sich aber, wie hier, den Thränen, und der Traurigkeit überlassen; so schmerzt
es mich, weil ich Sie von Schmerzen und
Aengstigkeiten ergriffen sehe. Und wenn Sie
mir gestatten, freymüthig zu reden, so muß
ich nothwendig ihr Betragen tadeln. Aber
was soll ich Ihnen sagen? Sie, dessen Scharf-
sicht auch Finsternisse durchschaut, werden doch
die handgreiflichsten Dinge auch sehen: Sie
werden es doch selbst begreifen, daß Sie mit
all ihrem kläglichen Winseln doch nichts ausrichten:

richten: daß Sie sich ihren Kummer damit nur verdoppeln, den Sie nach ihrer Klugheit zu verringern suchen sollten.

Wenn nun mein Rath bey Ihnen nichts vermag, so will ich Sie bitten, und durch unsere Freundschaft bitten! Cicero, wollen Sie mir je etwas zu Gefallen thun; so winden Sie sich von ihrem Kummer los, und kehren Sie wieder zu unserm täglichen Umgange zurück; entweder zu unserm gemeinschäftlichen Umgange, oder wenigst wieder zu ihrer eignen sonst eigenthümlichen Lebensart.

Ich will Ihnen nicht lange beschwerlich seyn, wenn Ihnen etwa mein Eifer mißfallen sollte. Doch möchte ich Sie gerne von ihrem Sinne abwendig machen: diese Widersprüche machen mir Schwierigkeiten. Gehorchen Sie mir also im erstern, wenn Sie können: und leben Sie mir im andern nicht gerade zuwider. L. S. w.

Fünf-

Fünfzehnter Brief.

Inhalt.

Cicero antwortet dem Luccejus auf den vorigen Brief.

M. T. Cicero an den Lucius Luccejus, des Quintus Sohn.

Da sah ich wieder in jeder Zeile ihres letzten Briefes, wie sehr Sie mich lieben: ich wußte es zwar lange schon: aber es war mir doch angenehm und erwünscht: ich würde noch sagen, erfreulich; wenn ich die Empfindung dieses Wortes nicht auf ewig verlohren hätte. Nicht eben der einzigen Ursache wegen, die Sie vermuthen, und darüber Sie mir zwar in den gelindesten und liebvollesten Ausdrücken, aber doch wirklich sehr nachdrucksam Vorwürfe machen: sondern weil ich für meine tiefe Wunde eben die Hilfsmittel nicht habe, die ich doch haben sollte. Oder soll ich

etwa

etwa zu meinen Freunden fliehen? Wie viel
sind derer noch? wir beyde hatten beynahe
gemeinschäftliche Freunde; einige davon sind
todt, und einige sind, ich weiß nicht wie, uns
empfindlich und hart geworden. Mit Ihnen
könnte, und wünschte ich auch von Herzen zu
leben. Unsere alte Freundschaft, Liebe, Gewohn=
heit des Umganges, und unsere gleiche Beschäf=
tigungen sind mächtige Reize: denn diese sind
beynahe ein besondres Band unsrer Freund=
schaft. Können wir also nicht zusammen le=
ben? ich sehe wirklich kein Hinderniß: aber
bis itzt lebten wir noch nicht beysammen, da
wir doch schon auf dem tusculanischen und
puteolanischen Landgute Nachbarn waren.
Denn was soll ich von Rom sagen? weil man
da auf dem gemeinschäftlichen Platze so oft
zusammen kommen kann, fragt man nach der
Nachbarschaft nicht so viel.

Aber ich weiß nicht, was für ein Zufall
uns in solche Zeiten versetzt, in welchen wir
uns, da wir in dem blühendsten Zustande hät=

ten seyn sollen, so gar des Lebens schämen
müßen. Denn wo hatte ich meine Zuflucht,
da ich mein öffentliches Ansehen und Würde,
und meinen häuslichen Trost verlohren hatte?
vielleicht bey Wissenschaften? — und die sind
nun meine beständige Beschäftigung: denn
was soll ich anders thun? Aber ich weiß
nicht, wie es kömmt; selbst die Wissenschaften
schließen mich aus ihrem Busen, wohin ich
mich flüchten wollte, und verweisen mirs, daß
ich in einem Leben bleibe, in dem nichts ist,
als immer fortwachsendes Elend.

Und Sie wundern sich noch, daß ich eine
Stadt fliehe, in der ich in meinem Hause
nicht die geringste Ergötzung finde, in der ich
die itzigen Umstände, die Leute, den öffentlichen Platz, und das Senathaus hasse? Meine ganze Zeit also verwende ich auf die Wissenschaften: nicht daß ich durch sie geheilt zu
werden hoffe, sondern nur meinen Schmerz
in etwas zu vergessen.

Wären

Wären Sie und ich immer darauf bedacht gewesen (aber aus täglicher Furcht kam es uns nicht einmal bey); so würden wir immer beysammen gewesen seyn; und dann würden mich weder ihre Gesundheitsumstände, noch Sie mein Kummer beunruhigen. Herr, wir wollen sehen, wie wir es noch dazu bringen: denn was könnte für uns beyde bequemer seyn? Ich werde Sie also nächstens sehen. L. S. w.

Sechs-

Sechszehnter Brief.

Inhalt.

Titius war ein vornehmer Senator. Diesem starben ein paar hoffnungsvolle Söhne: weil er sich sehr darüber grämte , tröstete ihn Cicero in diesem Briefe. Im Jahre 709.

M. T. Cicero an den Titius.

Wenn ich gleich unter allen die wenigste Fähigkeit besitze, Sie zu trösten, lieber Titius; in dem ich so viel Antheil an ihrem Kummer nehme, daß ich selbst eines Trostes bedürftig wäre: so hielt ich es doch für Pflicht meiner Freundschaft, und meiner Liebe gegen Sie, weil doch mein Schmerz jenen Grad der Heftigkeit, wie der ihrige, nicht erreichet hat, bey ihrem gränzenlosen Kummer nicht länger mehr zu schweigen; sondern einige kurze Trostgründe anzuführen, ihren Schmerz wenigst zu lindern, wenn nicht ganz zu heilen.

Wir

Wir sind Menschen, in einem Zustande gebohren, der unser Leben ungesichert jedem Unfalle aussetzt. Dieß, mein Freund, ist ein bekannter Trost, den wir immer im Munde und in der Brust führen sollten. Wir sollten uns gegen die Bedingnisse nicht setzen, unter denen wir gebohren wurden: jene Zufälle nicht so sehr zu Herzen nehmen, die wir mit keiner Vorsicht fliehen können; und bey der Erinnerung fremder Unglücke bedenken, es sey uns eben nichts neues widerfahren.

Doch weder diese, noch die übrigen Trostgründe, die die weisesten Männer gebraucht, und in ihren Schriften hinterlassen haben, sollten so viel Eindruck auf uns machen; als der Zustand unseres Staates, und das gränzenlose Verderbniß der Zeiten: indem jene wirklich die glücklichsten sind, die keine Kinder gezeuget: jene weniger elend, die sie zu diesen Zeiten verlohren, als wenn sie dieselben bey guten, oder doch erträglichen Umständen des Staates verlohren hätten.

Ist

Ist aber Sehnsucht, oder die Betrachtung
ihrer eignen Umstände die Quelle ihres Kum=
mers; so glaube ich kaum, daß Sie ihr Schmerz
je ganz verlassen wird. Entsteht ihre Be=
trübniß aus einer Wirkung der Liebe, die sich
über das Elend der Abgestorbenen grämt; so
kann ich Ihnen ohne dasjenige, was ich
selbst schon oft gelesen und gehört, (nämlich,
der Tod sey in sich kein Uebel: denn wenn
nach dem Tode noch Empfindung und Gefühl
ist, so sey er mehr Unsterblichkeit, als Tod;
hört aber Empfindung auf, so müße man das
für kein Elend halten, was man nicht fühlt)
als eine Gewißheit bekräftigen: es drohen dem
Staate solche Verwirrungen, solche Anlagen,
daß sich derjenige, der durch den Tod diesem
Unheile entgeht, gewiß nicht betrogen findet.
Denn wo sind nicht längst schon Schamhaf=
tigkeit, Redlichkeit, Tugend, rechtmäßige Ab=
sichten, schöne Künste, und sogar Freyheit
und Wohlstand verdrängt? Wahrhaft, mein
lieber Titius, so oft ich in diesem verderbli=

chen

chen Jahre hörte, daß ein Jüngling oder Knab gestorben, so oft pries ich ihn glücklich, daß ihn die Götter aus diesem Elende, und unerträglichen Leben gerettet haben.

Wenn man Ihnen also nur den einzigen Gedanken nehmen kann, als wäre es ihren Söhnen, die Sie liebten, übel gegangen; so hat man ihre Betrübniß schon um vieles geschwächt. Und dann bleibt noch der einzige Grad ihres Schmerzens zu heilen übrig, der sich nimmer auf ihre Söhne, sondern eigentlich nur auf Sie bezieht. Und da steht es ihrer Weisheit und männlichem Betragen, das Sie von Jugend auf zeigten, nicht zu, ihren Unfall ungeduldig zu tragen, der für ihre lieben Söhne wirklich weder Elend, noch Uebel ist. Denn Sie betrugen sich in besondern und öffentlichen Zufällen immer so, daß Sie auch itzt ihr männliches Wesen und Standhaftigkeit zeigen müßen. Was die Zeit endlich selbst mit sich bringt, die auch die größte Trauer endlich verschwinden macht; das müßen wir

durch

durch kluge Vorstellungen selbst zuvor in uns
bewirken. Da so gar kein Weib nie bey dem
Verluste ihrer Kinder so schwach gewesen, daß
nicht endlich ihre Thränen vertrockneten; so
müßen besonders wir dasjenige aus Ueberle=
gung schon zuvor thun, was ohnehin einst die
Zeit thun würde; und nicht erst auf ein Mit=
tel durch die Zeit warten, das uns die Ver=
nunft auf der Stelle darbiethet.

Wenn mein Brief Eindruck auf Sie ge=
macht hat, so erhielt ich dadurch die gewünsch=
te Wirkung: hab' ich aber damit meine Ab=
sicht nicht erreichet, so hab' ich wenigst ge=
than, was ein aufrichtiger, gutmeynender
Freund thun kann: und der war ich immer,
werde es auch in Zukunft seyn; glauben Sie
es sicher. L. S. w.

Sie=

Siebenzehnter Brief.
Inhalt.

Dieser Seſtius war ein Sohn des
Publius. Er war Aedilis, und gab
das öffentliche Korn um einen zu geringen Preis an die Armen. Dieß machte
bey den Großen in Rom Verdruß. Da
er nun um die Prätorwürde anhielt, ward
er vom Volk dazu ernennt; aber gleich
darauf beſchuldiget, als wenn er die
Stimmen unrechtmäßiger Weiſe erſchli-
chen hätte. Er ward alſo aus Rom
verbannet. Darüber tröſtet ihn nun Cicero, bedaurt, daß er zu Anfange dieſes Handels nicht in Rom geweſen, und
verſpricht ihm alle ſeine Dienſte. Im
Jahre 700.

M. T. Cicero an den Seſtius,
des Publius Sohn.

Daß ich Ihnen einige Jahre lang keinen Brief geſchrieben, geſchah weder
aus Vergeſſenheit der Freundſchaft, noch weil

F ich

ich etwa meiner vorigen Gewohnheit müde
geworden. Ich schrieb deßwegen nicht: weil
anfangs der Staat sowohl, als ich zu Boden
lag; und weil mich nachher ihr bitteres, un-
verdientes Unglück vom Schreiben abgehalten.
Da aber nun eine zimlich lange Zeit verstri-
chen, und ich ihre Tapferkeit und Größe des
Geistes mit mehr Bedacht überlegte; so beschloß ich meiner Gewohnheit gemäß, Ihnen
diesen Brief zu schreiben.

In jenen ersten Umständen, mein lieber
Sestius, da man Sie in ihrer Abwesenheit
angeschwärzt und angeklagt hatte, vertheidigte ich Sie: und da nachher bey dem gefährlichen Handel ihres vertrauten Freundes, auch
eine Beschuldigung gegen Sie angehängt wurde, vertheidigte ich Sie und ihren Handel
nach meinen Kräften mit der genauesten Sorgfalt. Und auch letzthin erst, da ich kaum wieder in Rom war, und die Sache ganz anders
fand, als ich sie gegenwärtig würde geführet
haben; suchte ich dennoch ihr Bestes nach

Möglich-

Möglichkeit. Und da zu jener Zeit der Haß, den nicht nur ihr Feind, des Korns wegen, sondern auch einige ihrer Freunde gegen Sie hatten; da die Ungerechtigkeit des ganzen Gerichtes, und noch mehr andre Fehler in unserem Staate, größern Nachdruck und Wirkung hatten, als sie der Wahrheit gemäß, hätten haben sollen; so suchte ich ihrem Sohne Publius mit meinem Beystande, Rath, Bemühung, meiner Gunst bey andern, und meinem Zeugnisse so nützlich zu seyn, als ich konnte.

Da ich nun alle Pflichten der Freundschaft aufs sorgfältigste, und heiligste erfüllt; so will ich auch diese nicht unterlassen. Ich ermahne und bitte Sie, Sestius; bedenken Sie doch, daß Sie Mensch sind, und Mann zugleich; das ist: Sie möchten diesen ungewißen Zufall, der jedem begegnen, vor dem sich niemand auf der Welt hüten, oder Bürge dagegen seyn kann, doch weise übertragen, dem Schmerzen und Unglücke tapfer widerstehen, und bedenken, das nämliche Schicksal habe in unserem

Staate,

Staate, und den übrigen, die eine große Herr=
schaft besaßen, schon viele rechtschaffne und
tapfere Männer durch Ungerechtigkeiten im
Gerichte getroffen.

O, müßte ich es doch nicht mit Wahr=
heit sagen, Sie seyn wirklich aus so einem
Staate vertrieben, der für einen klugen Mann
keinen einzigen Gegenstand mehr zur Freude
hat!

Von ihrem Sohne muß ich Ihnen auch
schreiben: denn würde ich das nicht, so dörf=
te man glauben, ich verkenne seine Tugend,
weil ich ihr kein Zeugniß gegeben: schreib' ich
Ihnen aber alles, was ich von ihm denke, so
fürchte ich dadurch nur ihre Sehnsucht und
Betrübniß wieder zu erneuern. Sie werden
aber klug handeln, wenn Sie denken, seine Lie=
be gegen Sie, seine Tugend, und sein Fleiß
begleite Sie, wo Sie nun immer sind. Denn
auch das gehört so gut unser, was wir im
Gemüthe uns vorstellen, als was wir mit Au=
gen sehen.

Seine

Seine ausnehmende Tugend also, und Liebe gegen Sie sollte Ihnen wirklich sehr zum Troste gereichen, und das sollte auch ich, und die andern, die wir Sie nicht nach den Umständen ihres Glückes, sondern nach ihren Eigenschaften schätzen, und immer schätzen werden. Und wenn Sie vollends noch an ihr eigen gut Gewissen denken: wenn Sie überlegen, dieß Glück sey ohne ihre Verdienste über Sie gekommen: und daß weise Männer ihre Schande, nicht ihr Unglück; ihr Vergehen, nicht ihr erlittenes Unrecht unruhig machen.

Ich, mein Freund, durch das Andenken unserer alten Freundschaft, und die Tugend und Ehrerbietigkeit ihres Sohnes erinnert, werde in keinem Stücke vergessen, entweder Sie in ihrem Zustande zu trösten, oder Ihnen denselben zu erleichtern. Und wenn Sie mir etwa darüber in einem Briefe Aufträge machen, so will ich alles genau besorgen. U. S. w.

F 3   Acht-

Achtzehnter Brief.

Inhalt.

Titus Fadius war im Jahre 690 des Cicero Quästor: im Jahre 696 Tribun, wo er zur Wiederherstellung des Cicero viel beytrug. Im Jahre 701 ward er beschuldigt, als hätte er einige Stimmen zu einer höhern Würde erschlichen. Er ward verurtheilet, und aus dem Vaterlande vertrieben. Darüber tröstet ihn nun Cicero, und macht ihm Hoffnung. Im Jahre 701, da Pompejus das drittemal Consul war.

M. T. Cicero an den Titus Fadius.

Ich sollte Sie trösten, Freund, und bin doch selbst des Trostes bedürftig. Denn schon lange gieng mir nichts so sehr ans Herz, als ihr Unglück. Aber, Freund, ich ermahne, bitte, flehe Sie um unserer Freundschaft wil-

len,

len, faſſen Sie ſich doch in ihrem Unglücke, zeigen Sie, daß Sie ein Mann ſind, und bes denken Sie, daß wir Menſchen ſind, in dies ſen Umſtänden, zu dieſen Zeiten gebohren.

Ihre Tugend gab Ihnen mehr, als Ihs nen das Unglück nahm : denn Sie erreichten Dinge, die Leute, derer Ahnen keine obrigkeits liche Würden begleiteten, nicht erreicht; Sie verlohren, was auch die edelſten und größs ten Männer verlohren haben.

Zudem droht unſern Geſetzen, Gerichten, und dem ganzen Zuſtande unſeres Staates ſo ein Schickſal, daß ich glaube, demjenigen gehe es noch gut, der mit einer ſo gelinden Strafe noch von dieſem Staate geſchieden.

Sie aber, mein Freund, haben ihre Güs ter, Sie haben Kinder, haben mich, und ans dre, mit denen Sie in naher Verbindung ſtes hen, zu wahren aufrichtigen Freunden: Sie werden die Freyheit erhalten, mit mir und allen den Ihrigen in Geſellſchaft zu leben : dieß über Sie gefällte Urtheil, wird unter ſo vielen ans

dern

dern allein getadelt; weil man weiß, daß es auf eine einzige, und noch dazu zweifelhafte Stimme, einzig aus Rücksicht des mächtigen Pompejus, abgefasset worden: dieß alles zusammen genommen, sollten Sie sich bey ihrem Unglücke fassen, und selbes mit Geduld tragen.

Gegen Sie und ihre Kinder, werd' ich immer so gesinnt seyn, wie Sie es wünschen, und wie es meine Pflicht ist. L. S. w.

Neun-

Neunzehnter Brief.

Inhalt.

Lucius Mescinius Rufus war ein junger Mann: und im Jahre 702 Quä= stor des Cicero in Cilicien. Uebrigens ein leichtsinniger, wollüstiger Mann. Bey der großen Uneinigkeit zwischen dem Pompejus und Cäsar, fragte Rufus den Cicero um Rath, zu wem aus bey= den er sich schlagen sollte. Auf dieses antwortet ihm Cicero, er solle mit dem Pompejus halten. Im Jahre 704.

M. T. Cicero an den Rufus.

Ich zweifelte zwar nie an ihrer Liebe gegen mich: ich werde aber doch alle Tage mehr davon überzeugt; besonders wieder in ihrem letzten Briefe. Sie sagen, Sie wollen mir nun ihre Ergebenheit und Freundschaft mit grö= ßerem Eifer zeigen, als Sie es in der Pro= vinz gethan, obwohl ihr Betragen nach mei=

nem

nem Urtheile damals unverbeſſerlich war; weil
nun ihre Wahl nimmer ſo gebunden ſey, wie
in der Provinz. Auch ihre vorigen Briefe mach=
ten mir viel Vergnügen; denn ich ſah daraus
deutlich, daß Sie mit ſehnlichem Verlangen
auf meine Ankunft gewartet, und da die Sa=
che wider ihr Vermuthen fiel, dennoch über
meinen Entſchluß eine große Freude bezeuget
haben. Aus ihrem letzten Briefe aber ſchloß
ich mit wahrer Zufriedenheit auf ihr kluges
Urtheil, und freundſchaftvolles Herz. Auf ihr
gutes Urtheil deßwegen, weil ich ſehe, Sie
handeln ſo, wie alle tapfere und rechtſchaffne
Männer pflegen, die nichts für nützlich halten,
was nicht auch zugleich, anſtändig und recht=
ſchaffen iſt: auf ihr freundſchaftvolles Herz
aber ſchloß ich, weil Sie mir verſprochen, auf
meine Seite zu halten, ich möchte mich nun
entſchließen, zu was ich wollte. Dieß iſt mir
das angenehmſte, Rufus, und für Sie, denke
ich, das anſtändigſte.

Meinen

Meinen Entschluß hab' ich schon lange
gefaßt. Ich wollte Ihnen eben kein Geheimniß daraus machen, weil ich Ihnen nichts
davon schrieb: sondern weil man meine Er-
klärung bey solchen Umständen für eine Erinnerung, was man etwa aus Freundschaft gegen mich hätte thun sollen; oder für eine Auf-
foderung zur gemeinschäftlichen Gefahr und
Arbeit hätte ansehen können.

Da Sie aber ihren Entschluß, ihre Gefälligkeit und Neigung so gegen mich geäußert
haben, so nehme ich ihr Vorhaben mit Vergnügen an; aber unter dem Bedingnisse (denn
ich will im Bitten nicht erst unverschämt werden): wenn Sie das thun, zu was Sie sich
geneigt zeigen, so bin ich Ihnen dafür verbunden; thun Sie es aber nicht, so vergeb'
ich es Ihnen leicht, und denke mir, Sie haben das letztere aus Furcht gethan; das er-
stere aber, mir zum Gefallen. Denn es ist
wirklich eine Sache von Wichtigkeit: was billig und recht ist, liegt offenbar; was nützlich
wäre,

wäre, ist schwer zu entscheiden: doch immer so,
daß wir uns, wenn wir die Leute sind, die wir
seyn sollen, das ist, wenn wir unserer Wissenschaft und Gelehrsamkeit gemäß handeln,
nicht erst lange bedenken müßen, ob nicht jenes
am allernützlichsten sey, was das billigste und
rechtschaffenste ist.

Wenn Sie also mit mir abreisen wollen,
so kommen Sie gleich zu mir: haben Sie aber
den nämlichen Entschluß zwar gefaßt, und
können auf der Stelle noch nicht wegreisen;
so will ich Ihnen von allem Nachricht geben.
Sie mögen nun thun, was Sie wollen, so
halte ich Sie immer für meinen Freund: handeln Sie aber vollends gar nach meinem Wunsche; so halte ich Sie für meinen besten Freund.
L. S. w.

Zwan-

Zwanzigster Brief.

Inhalt.

Dieser ganze Brief ist etwas dunkel. Er handelt von Rechnungen. Rufus war des Cicero Quästor in Cilicien: er beklagte sich in einem Briefe, daß Cicero die Rechnungen wider alles Vermuthen so geschwind übergeben habe, da er doch so gerne noch was darinn geändert hätte. Auf dieses antwortet ihm Cicero. Im Jahre 704.

M. T. Cicero an den Rufus.

Ich würde auf was immer für eine Art gesuchet haben, mündlich mit Ihnen zu sprechen, wenn Sie dahin hätten kommen wollen, wohin Sie gesinnt waren. Wenn Sie mir also gleich keine Unbequemlichkeit machen wollten, so kann ich Sie doch versichern, daß ich, wenn Sie zu mir gekommen wären, ihren Willen meiner Bequemlichkeit vorgezogen hätte.

hätte. Wäre mein Schreiber M. Tullius * da,
so könnte ich die Punkte ihres Briefes genauer
beantworten; denn von diesem bin ich versi=
chert, er habe wenigst beym Ablegen seiner
Rechnungen (für andre Umstände kann ich
nicht Bürge seyn) mit Wissen nichts gethan,
was wider ihren Vortheil, oder Ehre seyn
könnte. Und gälte beym Rechnungablegen noch
das alte Recht und Gewohnheit, so würde ich
sie eher nicht abgeleget haben, als bis ich un=
serer Verbindung gemäß, sie mit Ihnen zu=
sammen gehalten, und gemeinschäftlich mit Ih=
nen gemacht hätte. Was ich also erst nahe
bey Rom würde gethan haben, wenn die alte
Gewohnheit noch gälte, das hab' ich in der
Provinz gethan, da ich vermöge des julischen
Gesetzes gehalten war, meine Rechnungen in
der Provinz zu lassen, und eine gleichlauten=
de Abschrift davon in die Schatzkammer nach
Rom zu liefern. Ich gieng aber auch dabey
nicht so zu Werke, daß ich allein nach meinem

Kopfe,

* Laurea.

Kopfe, und in der Abſicht, Ihnen Geſetze vor⸗
zuſchreiben, gehandelt hätte: ſondern ich hatte
dabey ſo viel Rückſicht auf Sie, als es mich
gewiß nicht gereuen wird. Ich hab' Ihnen
ja meinen Schreiber, auf den Sie itzt ihren
Verdacht geworfen haben, ganz übergeben:
Sie gaben ihm ihren Bruder M. Mindius
zu: die Rechnungen wurden bey Ihnen in
meiner Abweſenheit gemacht: und ich trug
weiter nichts dazu bey, als daß ich ſie las:
und bekam alſo die geſchriebne Rechnung von
dem Sklaven, meinem Schreiber, ſo in die Hän⸗
de, wie wenn mir ſie ihr Bruder ſelbſt einge⸗
liefert hätte. War dieß eine Ehre für Sie, ſo
konnte ich Ihnen gewiß keine größere erwei⸗
ſen: war es Zutrauen, ſo bewies ich wirklich
beynahe mehr gegen Sie, als gegen mich ſelbſt.
Wenn Sie ſagen, ich hätte Vorſicht tragen ſollen,
daß nichts mit in die Rechnung käme, was ih⸗
rem Vortheile oder Ehre ſchädlich ſeyn könnte; ſo
konnte ich dieß Geſchäft wirklich niemanden beſ⸗
ſer auftragen, als dem ich es aufgetragen hatte.

Nach

Nach dem Geſetze handelte ich freylich; dieſes
befahl, daß ich in zwo Städten (Laodicea,
und Apamea) welches die größten waren,
da es doch ſo ſeyn mußte, die verfertigten
und geſchloßnen Rechnungen beylegen ſollte.
Auf den erſten Punkt antwort' ich Ihnen
nun ſo; obwohl ich aus gegründeten Urſachen
geeilet habe, meine Rechnungen niederzulegen;
würde ich dennoch auf Sie gewartet haben,
wenn ich geglaubt hätte, eine Rechnung in
der Provinz beygelegt, ſey nicht ſo gut, als
wenn ſie wirklich auch in Rom wäre niedergelegt worden.

Was Sie mir vom Voluſius ſchreiben,
gehört nicht mit zu den Rechnungen. Denn
Leute von Erfahrung, beſonders aber Camil-
lus, der der Sache am beſten kundig, und
mein innerſter Freund iſt, ſagten mir: daß
es unmöglich geweſen, die Schuld vom Valerius auf den Voluſius hinüber zu ſchieben:
und daß die Bürgen des Valerius dafür haften ſollten. Dieſe Schuld belief ſich auch nicht

auf

auf 30000 Sestertien, wie Sie schreiben, sondern nur auf 19000: denn es war schon vom
Valerius, als dem eigentlichen Pächter gelie-
fert worden; und den Rest, der noch zu zah-
len übrig geblieben, hatte ich in meiner Rechnung angemerkt. Aber so nach ihrem Urtheile
sprechen Sie mir den Ruhm der Großmuth,
der Genauigkeit, und (doch darum bekümmere
ich mich eben nicht) sogar auch einer mittel-
mäßigen Klugheit ab: den Ruhm der Großmuth deßwegen, weil Sie lieber glauben wollen, mein Legat, und mein Generalfeldzeugmei-
ster Lepta seyn durch meinen Schreiber, als
durch mich von einem so großen Schaden gerettet worden: da sie doch nicht einmal schuldig waren, zu haften: den Ruhm der Genauigkeit deßwegen, weil Sie glauben, ich habe
von einer so wichtigen Pflicht, und Gefahr
nichts gewußt, und daran nicht einmal gedacht; mein Schreiber habe in die Rechnung,
die er mir nicht einmal vorgelesen hätte, eingetragen, was er gewollt habe: den Ruhm

G   der

der Klugheit deßwegen, weil Sie glauben, ich
habe mich auf eine Sache, die ich zuvor eben nicht
unweise ausgedacht hatte, in der Folge nicht
einmal erinnert. Aber Sie betriegen ſich; denn
ich war auf die Befreyung des Voluſius bedacht, ich fand einen Weg, die valeriſchen
Bürgen, und ſelbſt den Titus Marius von
dem großen Verluſte zu retten. Und dieß bil-
ligte und lobte man allgemein. Und wenn
Sie die Wahrheit wiſſen wollen, ſo ſah ich,
daß dieß einzige meinem Schreiber nicht ſo
recht gefallen wollte. Ich aber hielt es für
Pflicht eines redlichen Mannes, zum beſten ſo
vieler (man mag ſie nun als gute Freunde,
oder nur platthin als Mitbürger betrachten)
ohne Schaden der öffentlichen Schatzkammer,
etwas zu thun.

Was den Luccejus betrifft, legte man
auf den Rath des Pompejus das Geld in
den Tempel zur Verwahrung. Ich erklärte
mich dabey, es ſey auf meinen Befehl geſche-
hen: Pompejus bekam nachher dieſes Geld,

ſo

so wie Sestius dasjenige, daß Sie in Verwahrung gegeben hatten. Dieß einzige würde mich reuen, nicht beobachtet zu haben, daß ich es dazu schreiben ließ, Sie hätten ihr Geld auf meinen Befehl zur Verwahrung in den Tempel gegeben; wenn nicht wegen diesem Gelde Zeugen genug in den ansehnlichsten und glaubwürdigsten Urkunden zugegen wären, wem man es gegeben hätte, auf was für einen Senatsschluß, vermöge welcher Briefe von Ihnen und mir es dem Sestius sey eingeliefert worden. Da ich es aber mit so viel Briefen bestättiget sah, daß man sich unmöglich dabey irren konnte, so schrieb ich das, was Ihnen weder schaden noch nützen konnte, nicht dazu. Weil ich aber sehe, daß Sie diese Unterschrift vermisset haben, so wünschte ich, daß ich es dazu geschrieben hätte. So, wie Sie schreiben, daß Sie dieses Geld in ihre Rechnungen einführen müßen, eben so denke ich auch: und es werden in diesem Stücke ihre Rechnungen von den meinigen ganz nicht un-

G 2   terschie-

unterschieden seyn. Denn Sie dörfen nur die=
se Worte beysetzen: auf Ciceros Befehl. Ich
setzte dieß nicht bey; habe aber auch keine Ur=
sache, es zu leugnen: und würde es, wenn
Sie es nicht gerne sähen, auch dann nicht
thun, wenn ich Ursache hätte. Die 900000
Sestertien sind gerade so in meine Rechnungen
eingetragen, wie Sie es durch ihren Bruder
wollten. Wenn Ihnen meine Anstalten in
Rücksicht meines Legaten unangenehm sind:
und ich in meinen Rechnungen, weil Sie doch
einen gewißen kleinen Theil der Rechnung nicht
ganz für sicher genug halten, noch etwas än=
dern kann; so will ich denken, was ich, ohne
wider die Gesetze zu handeln, thun kann, da
ich den Senatsschluß nicht genützt hatte.

Sie, Rufus, hätten das eingetriebene
Geld aus meinen schon beygelegten Rechnun=
gen eben nicht in die ihrigen bringen sollen:
ich müßte es nur worinn versehen; denn es
giebt freylich Leute, die die Sache besser ver=
stehen. Nur daran zweifeln Sie nicht, daß

ich

ich alles gerne thun werde, wenn ich immer
kann, was ich sehe, daß Sie wünschen, oder
an dem Ihnen gelegen ist.

Was Sie von Wohlverdienten schreiben,
da hab' ich in der Rechnung etwas geirret:
denn da machte ich nur von den Obersten der
Fußgänger und Reuter, und von meinen frey-
willigen Gefährten Meldung. Ich glaubte,
es stünde mir frey, sie zu melden, wann ich
wollte: nachher sagte man mir aber, ich müßte sie innerhalb dreyßig Tagen, von Abnahm
der Rechnung an melden. Es gieng mir wahrhaft recht nahe, daß ich es nicht Ihnen überließ, das Verzeichniß der Wohlverdienten zu
schreiben, und sich so gute Freunde zu machen: indem ich dergleichen Absichten nimmer
habe. Was die Hauptleute, und freywillige
Gefährten der Obersten betrifft, haben Sie
noch ganz freye Hand. Denn von dieser Art
der Wohlverdienten, hat das Gesetz nichts aus-
drücklich bestimmt.

G 3   Nun

Nun noch von den 100000 Seſtertien,
von denen Sie mir, wie ich mich erinnere,
einen Brief aus Myrina geſchrieben. Dabey
irrten Sie, Rufus; nicht ich. Denn wenn
man ſich je damit verſehen hat, ſo verſahen
ſich ihr Bruder und Tullius. Da es aber
nimmer möglich war, ſelbes zu ändern, weil
ich die Rechnungen ſchon beygelegt hatte, und
aus der Provinz abgereiſet war; ſo glaub' ich,
auf jenen Brief, nach meiner aufrichtigen Neigung gegen Sie, und der Hoffnung noch etwas ändern zu können, auf das höflichſte ge-
antwortet zu haben. Und ich glaube auch nicht,
daß ich durch meinen höflichen Brief etwa verbunden worden, das Geld zu erſetzen: und
ich nehme auch ihren heutigen Brief von den
100000 Seſtertien nicht ſo auf, wie jene, denen bey itziger Zeit die Briefe beſchwerlich ſind.
Zugleich müßen Sie auch bedenken, daß ich
alles das Geld, was vermöge der Geſetze mir
zugehört, zu Epheſus bey den öffentlichen
Wechslern niedergelegt habe; es beträgt 22000
Se-

Seſtertien: und Pompejus hat es alles zu
ſich genommen. Ich mag nun damit zufrieden ſeyn oder nicht: ſo werden doch Sie ſich
wegen ihren 100000 Seſtertien beruhigen, und
denken, als wenn Sie deſto weniger von ihren Tagegeldern und meiner Gutthätigkeit empfangen hätten. Und wenn Sie mir dieſe
100000 Seſtertien auch geliehen hätten, ſo würden Sie doch nach ihrer bekannten Artigkeit,
und Liebe gegen mich, doch dafür kein ge-
ſchätztes Grundſtück von mir begehren: denn
wenn ich Sie auch wirklich bezahlen wollte,
ſo hätte ich das Geld nicht. Doch das war
Scherz; wie ihre Foderung.

Kömmt Tullius vom Lande wieder zurück, ſo will ich ihn doch zu Ihnen ſchicken,
wenn Sie je glauben, daß es nützen könnte.
Dieſen Brief mögen Sie immer zerreißen. L.
S. w.

Ein

Ein und zwanzigſter Brief.

Inhalt.

Dieſer Brief iſt im Jahre 707 ge=
ſchrieben, da Cäſar in Afrika wider die
Anhänger des Pompejus, den er im
Jahre 705 geſchlagen hatte, zu Felde
ſtand. Cicero bezeugt dem Rufus ſein
Verlangen, ihn zu ſehen. Er ermahnt
ihn, ſeinen Troſt bey dieſen elenden Zei=
ten in den Wiſſenſchaften, und einem
ruhigen Gewiſſen zu ſuchen. Im Jahre
707.

M. T. Cicero an den Rufus.

Ihr Brief, Rufus, war mir angenehm:
ich ſah daraus, was ich ſchon lange wuß=
te, wie ſehnlich Sie wünſchen, mich einmal
wieder zu ſehen. Dieſe Sehnſucht macht mir
Vergnügen; aber ich gebe Ihnen doch darinn
auch nichts nach. Denn ich wollte, daß mir
meine Wünſche alle ſo gewiß erfüllet würden,

als

als es gewiß ist, daß ich mich herzlich nach
Ihnen, und ihrem Umgange sehne. Denn da
Sie noch bey mir waren, gab es mehr redli:
che Männer, mehr gute Patrioten, mehr Leute
vom angenehmen Umgange, mehr die mich
liebten: und doch war ich in keiner einzigen
Gesellschaft lieber, als in der ihrigen; und bey
wenigen so gerne, als bey Ihnen. Zu dieser
Zeit aber, da einige gestorben, einige abwe:
send sind, einige sich geändert haben; ist mir
in ihrer Gesellschaft wahrlich ein halber Tag
lieber, als diese ganze Zeit bey jenen, mit de:
nen ich nothwendig leben muß. Glauben Sie
nur, daß mir die Einsamkeit, die ich nicht ein:
mal genießen darf, lieber ist, als die Unter:
redungen mit allen denen, die mein Haus be:
suchen: einen, oder höchstens etwa zween aus:
genommen.

Ich nehme also meine Zuflucht, wie ich
es Ihnen auch rathe, zu meinen lieben Wis:
senschaften, zu meinem Gewissen, und Erin:
nerung an meine redlichen Absichten. Denn

ich

ich bin der Mann, wie Sie selbst am leichte:
sten urtheilen können, der nie was so fast zu
meinem, als meiner Mitbürger Vortheile un:
ternommen hat. Hätte mich jener nicht da:
rum beneidet, den Sie nie geliebet (denn Sie
liebten mich), so würde er selber, und mit
ihm alle Rechtschaffne glücklich seyn. Ich war
auch immer der Meynung, man sollte um kei:
nes einzigen Ansehen wegen mehr thun, als
um einen ruhmwürdigen Ruhestand: und da
ich sah, daß eben jene Waffen, zu denen ich
mich nie mit verstehen wollte, mehr Nachdruck
hatten, als die Uebereinstimmung gutgesinnter
Bürger, die auch von mir bewirket worden;
so wollte ich lieber auf eine sichere Bedingung,
wie sie auch sonst immer hätte seyn mögen,
Frieden annehmen, als mit Gewalt wider ei:
nen stärkern fechten. Aber davon, und noch
von manchem werden wir uns bald mündlich
sprechen.

Herr, keine andre Sache hält mich itzt
mehr in Rom zurück, als weil ich gerne ab:

warten

warten möchte, was es endlich in Afrika für
ein End nehmen wird: und dazu, scheint mir,
wird es bald kommen. Denn ich glaube, daß
mir daran liegt: was eigentlich, weiß ich selbst
nicht. Komme aber auch was immer für eine Nachricht, so möchte ich gerne nahe bey
meinen Freunden seyn, und mich ihrer Räthe
bedienen. Denn die Umstände liegen wirklich
schon so, daß, obgleich die Sache beyder Par-
theyen sehr zerschieden ist, doch zwischen dem
Siege von jeder Seite kein gar großer Unterschied seyn wird. Aber bey allem hat doch
mein Herz, das vielleicht in zweifelhaften Umständen viel kleinmüthiger seyn würde, itzt bey
der verzweifelten Aussicht mehr Muth und
Stärke: und dazu hat ihr voriger Brief viel
beygetragen: Denn in diesem schreiben Sie
mir, wie starkmüthig Sie ihre Leiden ertragen:
und da erfreute ich mich recht, daß Ihnen ihre ausnehmende Leutseligkeit, und ihre Wissenschaften so nützliche Dienste thun. Denn ich
hatte Sie mir, offenherzig zu reden, viel wei-
cher

cher und zärtlicher vorgestellt: wie beynahe alle jene sind, die frey und ungezwungen in einem freyen glücklichen Staate gelebet haben.

So, wie wir jene guten, glücklichen Umstände mit Mäßigung genossen haben; so müßen wir nun auch diesen widerwärtigen, vom Grund aus umgestürzten Zustand mit Starkmuth ertragen: um wenigst in diesem Haufen von Uebeln diesen einzigen Vortheil zu erhalten, daß wir den Tod, den wir auch im Glücke verachten mußten, weil mit diesem alle Empfindung aufhört, itzt in unserer elenden Lage nicht nur verachten, sondern auch wünschen lernen.

Wenn Sie mich lieben, Rufus, so geniessen Sie itzt ihre gegenwärtige Ruhe, und seyn Sie überzeugt, daß außer einer Schuld, und einem Vergehen, von dem Sie immer rein gewesen, und auch in Zukunft seyn werden, einem vernünftigen Manne sonst nichts begegnen könne, das schrecklich oder fürchterlich wäre.

Wenn

Wenn ich sehe, daß es thunlich ist, so bin ich nächstens bey Ihnen. Kömmt aber ein Zufall, daß ich meinen Entschluß ändern muß, so geb' ich Ihnen zuvor noch Bericht. Herr, mäßigen Sie ihre Sensucht nach mir, und reisen Sie doch bey ihren kränklichten Umständen nicht eher, als Sie mich deßwegen in einem Briefe um Rath gefragt haben. Lieben Sie mich, wie immer; besorgen Sie ihre Gesundheit, und Ruhe des Herzens genau. L. S. w.

Sechstes Buch.

Sechstes Buch.

Die meisten Briefe dieses Buches sind Trostbriefe, die Cicero einigen unglücklichen Anhängern des Pompejus in den Jahren 707 und 708 schreibt. In diesen Jahren führte wider sie Cäsar den afrikanischen und spanischen Krieg: und schlug sie so, daß einer der Söhne Pompejus auf der Flucht ermordet ward, und die übrigen Häupter, Marcus Cato, Scipio, Petrejus, und Juba sich selbst entleibten.

Erster Brief.

Inhalt.

Aulus Manlius Torquatus stamm=
te aus einem alten, römischen, adelichen
Geschlechte; aus dem sich einer durch sei=
nen Heldenmuth den Beynamen Tor=
quatus erfochten hatte. Dieser Torqua=
tus war Prätor in Rom, und auf eine
Zeit Proconsul in der Provinz Afrika.
Bey dem innerlichen Kriege hielt er es mit
dem Pompejus; nachdem die Schlacht
verlohren war, flüchtete er sich nach Athen.

Cicero tröstet ihn in seinem Kummer
aufs nachdrücklichste, giebt ihm einige Rä=
the und Hoffnung, bald wieder zurück=
kehren zu dörfen.   Im Jahre 707.

M. T. Cicero an den Aulus Torquatus.

Obwohl nun alles in so einer Verwirrung
liegt, daß jedem sein eigner Zustand äu=
ßerst mißfallen, und sich lieber jeder, wo im=

mer

mer sonst, zu seyn wünschen muß; als da wo
er ist: so zweifle ich doch gar nicht, daß in
dieser Zeit zu Rom seyn, einem rechtschaffnen
Manne das größte Elend ist. Freylich hat
man an jedem Orte die nämliche Empfindung,
und die nämliche Betrübniß über den Untergang des Staates und seiner eignen Güter:
aber wenn man das Elend, das andre nur
hören, mit eignen Augen sehen muß; wenn
man sich das Elend nicht aus dem Sinne schlagen kann; dann steigt der Schmerz noch um
einen Grad höher. Wenn Sie also gleich der
Verlust vieler Dinge empfindlich schmerzt; so
befreyen Sie ihr Herz wenigst von der Betrübniß, die Sie, wie ich höre, am meisten
quälen soll; nämlich, daß Sie nicht in Rom
sind. Es ist Ihnen ohne Zweifel beschwerlich,
von ihrer Familie und ihren Gütern entfernet
zu seyn: aber dieß alles, wonach Sie sich sehnen, ist in seinem Stande; würde auch in keinem andern seyn, wenn Sie selbst in Rom
wären: und besondere Gefahr vor andern hat

es

es damit auch nicht. Denn, wenn Sie an
ihre Umstände denken, müßen Sie nicht etwa
vor andern sich ein besonderes Schicksal wünschen, oder das allgemeine nicht mittragen
wollen.

Was aber Sie selbst betrifft, mein Torquatus, so steht Ihnen zu, sich ihren verzwei-
felnden Gedanken, oder der Furcht nicht zu
überlassen. Denn Cäsar, der bis hieher Sie
unbilliger, als es ihre Würde fodert, behandelt hatte, ließ sichs so zimlich merken, daß
er gegen Sie wieder besänftiget sey: und dazu weiß er, den andre so sehr um ihre eigne
Erhaltung bitten, selbst noch nicht gewiß, wie
es mit seiner eignen stehen werde. — — —Bey
allen Kriegen ist der Ausgang ungewiß: bey
dem Siege des einen aber haben Sie keine
Gefahr, wenigst keine solche, die außer dem
allgemeinen Untergange, noch ein besonderes
Unglück für Sie mitbrächte: und von der andern Seite, weiß ich selbst, haben Sie sich
nie was befürchtet.

Noch

Noch iſt ein Troſtgrund übrig, Torquatus, und der ſoll Sie am meiſten kränken;
die allgemeine Gefahr unſeres Staates. Wider dieſes große Unglück, ſo viel auch die wei-
ſeſten Männer darüber ſagen mögen, fürchte
ich, wird man keinen wahren gründlichen Troſt
finden; außer dieſem einzigen, der aber ſo viel
Kraft hat, als Stärke und Schnellkraft in jedes Menſchen Herzen liegt. Denn wenn recht-
ſchaffen denken und handeln hinreichend iſt,
vergnügt und glückſelig zu leben; ſo iſt beynahe
ungerecht, denjenigen elend und armſelig nennen, der ſich auf ſein gut Gewiſſen, und redliche Geſinnungen und Abſichten ſteuern kann.
Denn ich glaube nicht, daß wir beyde aus
Hoffnung einiger Vortheile des Sieges letzthin unſer Vaterland, unſre Kinder und Güter verlaſſen haben: ſondern weil wir glaubten, jene Pflicht zu erfüllen, die wir der Gerechtigkeit, dem allgemeinen Beſten, und unſerer eignen Würde ſchuldig waren. Und da
wir ſo handelten, waren wir nicht ſo thöricht,

H 3　　　　　　uns

uns beykommen zu laſſen, als ſey der Sieg
ſchon unſer. Wenn nun alſo das erfolgte, was
wir uns als möglich dachten, da wir uns zu
jener Parthey geſchlagen; ſo müßen wir auch
ſo kleinmüthig nicht werden, als ob ſich etwas
ganz wider unſer Vermuthen zugetragen hätte. Muth gefaßt alſo, lieber Torquatus, wie
es uns Vernunft und Wahrheit ſagt: wir
dörfen in unſerm Leben nichts verhüten, als
Schuld; und wiſſen wir uns davon rein, ſo
können wir alle menſchliche Zufälle ruhig, und
gedulbig ertragen.

Damit will ich ſo viel ſagen, daß die Tugend, wenn auch neben ihr alles zu Boden
fällt, von ſelbſt mächtig genug iſt, ſich auf-
recht zu halten. Und wenn noch für die Rettung des gemeinſchäftlichen Wohlſtandes Hoffnung übrig iſt; ſo halten Sie ſich an dieſe,
es mag nun mit dem Staate in Zukunft werden, wie es will. Indem ich dieſes ſchrieb,
erinnerte ich mich, Sie haben mich einſt auch
wegen dem Mangel der Hoffnung getadelt,

und

und mich, wenn ich voll Unschlüßigkeit und
Mißtrauen war, durch ihr Ansehen aufgemun‐
tert. Aber zu jener Zeit mißbilligte ich nicht
die Parthey, zu der wir uns schlugen; nur
ihre Entschließung. Denn ich sah, daß wir
uns jenen Waffen nun zu spät widersetzten,
die wir lange zuvor schon gestälet hatten; und es
schmerzte mich, daß man mit Pfeil und Schwert,
nicht mit unsern Berathschlagungen und Se‐
natsschlüssen um den Staat und seine Ver‐
waltung streiten sollte. Und da ich das, was
wirklich erfolgte, vorsagte, so war es nicht
etwa Wahrsagung: sondern ich fürchtete, das,
was ich für möglich und für höchst schädlich
hielt, wenn es geschähe, möchte geschehen; be‐
sonders, da ich mit mehrerm Grunde sagen
konnte, das, was auch erfolgte, werde ge‐
schehen; wenn ich den Ausgang von beyden
hätte vorsagen sollen. Denn wir waren nur
in Dingen vortrefflicher, die nicht mit in die
Schlachtordnung ziehen: an Uebung in Waffen
entgegen, und kernhafter Mannschaft waren

H 4   wir

wir schwächer. Fassen Sie nun auch den
Muth, den Sie mir letzt vorgeschrieben.

Dieses schrieb ich Ihnen deßwegen, weil
mir Philargyrus, * da ich ihn ihretwegen
genau ausfragte, mit dem aufrichtigsten Her=
zen, wie es mir schien, erzehlte ; Sie seyn zu=
weilen im heftigsten Kummer. Das müßen
Sie nicht seyn, Torquatus ; Sie müßen sich
zu überzeugen suchen, daß Sie gewiß in den
vorigen Stand wieder werden gesetzt werden,
wenn unser Staat eine Republik bleibt : oder,
daß es Ihnen, wenn er zerfällt, gewiß nicht
schlimmer gehen werde, als den übrigen. Die
itzige Lage aber, die uns alle mit Schrecken
und Zittern für die Zukunft erfüllt, müßen
Sie desto gelaßner tragen, da Sie in einer
Stadt sind, wo die Vernunft und Mäßigung
des Lebens gebohren ward, und wuchs : da
Sie im Umgange mit dem Servius Sulpiti=
us leben, der von jeher ihr innerster Freund
war,

---

* Ein Freygelaßner des Torquatus.

war, und der Sie mit seiner Gewogenheit und
Klugheit gewiß trösten wird. Hätten wir seinem
Ansehen und Rathe gefolgt, so hätten wir
uns lieber im Frieden Cäsars Macht, als nun
seinen Waffen unterworfen.

Aber vielleicht schrieb ich davon schon zu
viel: nun will ich Dinge von Wichtigkeit nur
kurz berühren. Ich bin niemanden so sehr verbunden,
als Ihnen, Torquatus: denen ich,
wie Sie wissen, auch Verbindlichkeit schuldig
war, hat mir der Krieg genommen. Was ich
itzt zu dieser Zeit bin, seh' ich wohl. Weil
aber doch niemand so ganz unvermögend und
unglücklich ist, der mit seinem ganzen angestrengten
Fleiße nicht noch etwas ausrichten
könnte, so versichere ich Sie, daß ich alle meine
Einsicht, Arbeit, und Liebe für Sie und
ihre Kinder verwenden werde. L. S. w.

Zwey-

Zweyter Brief.

Inhalt.

Cicero entſchuldiget ſich, daß er ſo
ſelten geſchrieben: und tröſtet ihn mit der
Hoffnung, daß es nun bald etwas beſſer
gehen werde. Im Jahre 707.

M. T. Cicero an den Aulus Torquatus.

Schreiben Sie doch meine Seltenheit im
Schreiben in Rückſicht des Vergangenen
keiner Vergeſſenheit zu: ſondern etwa meiner
Krankheit, die ſich zwar itzt in etwas zu beſſern
ſcheint; oder der Entfernung von der Stadt, da
ich es nie wiſſen kann, wann einige zu Ihnen
reiſen. Glauben Sie alſo nur ſicher, daß ich
mich Ihrer noch immer mit der nämlichen
Lebhaftigkeit erinnere, noch immer ſo gut ge-
ſinnt gegen Sie bin, und daß mir ihre Angelegenheiten ſo nahe immer liegen, als meine
eignen.

Daß

Daß es mit ihren Umständen bis hieher
anders gelaufen, als man gerne gesehen, oder
vermuthet hat, da drüber müßen Sie in Rücksicht der itzigen übeln Zeiten nicht so unzufrie-
den seyn. Denn entweder muß der Staat
unaufhörlich mit Krieg gedrückt werden: oder
wenn die Waffen niedergelegt sind, der Staat
wieder zu Kräften kommen; oder ganz zerfallen. Erhalten die Waffen die Oberhand, so
dörfen Sie weder diejenigen fürchten, die Sie
verließen, noch diejenigen, zu denen Sie sich
geschlagen haben: hört aber der Krieg durch
einen Vergleich auf, oder weil man seiner müde ist, oder weil eine Parthey den Sieg erhalten; und sammelt dann der Staat seine Kräfte wieder; so werden Sie ihre Güter, und
ihre Würde wieder erhalten. Zerfällt aber
alles gänzlich, und endet sich die Sache so,
wie der kluge Mann M. Antonius schon dazumal fürchtete, da er diese ganze Folge von
Uebeln schon gemuthmaßet; so ist es besonders
für einen rechtschaffnen und redlichen Patrio-

ten

ten ein armſeliger, aber doch nothwendiger
Troſt, wenn man ſagen muß; daß in Zufällen,
die alle betreffen, ſich keiner einen beſondern
Stoff zur Betrübniß herausſuchen ſoll.

Wenn Sie den Nachdruck dieſer wenigen
Zeilen (denn mehr wag' ich in einem Briefe
nicht, zu ſagen) wie Sie gewiß thun werden,
recht bemerken, ſo werden Sie auch ohne meine Briefe ſehen, daß für Sie noch Hoffnung
übrig iſt; und daß Sie, der Staat mag nun
in dieſe, oder jene Umſtände kommen, nichts
zu fürchten haben. Und geſetzt, es geht alles
zu Grunde: ſo müßen Sie, weil Sie doch den
freyen Staat nicht überleben wollen, wenn
Sie auch könnten, ſich mit Geduld in ihr Unglück finden, an dem Sie keine Schuld haben.

Aber genug davon. Sie, Torquatus,
erſuche ich um Nachricht, was Sie thun, und
wo Sie ſich hinbegeben wollen; damit ich es
entweder weiß, wohin ich meine Briefe ſchicken, oder auch ſelbſt kommen ſoll. L. S. w.

Drit-

Dritter Brief.

Inhalt.

Dieser Brief ist mit dem ersten des nämlichen Inhaltes, und beynahe eine Fortsetzung. Im Jahre 707.

M. T. Cicero an den Aulus Torquatus.

Im vorigen Briefe war ich etwas weitläuftiger: nicht als wenn es die Sache so gefodert hätte; sondern nur mein gutgesinntes Herz und Neigung gegen Sie zu zeigen. Denn ihre eigne Tugend hatte meiner Aufmunterung nicht bedörft: und meine Umstände, und meine Lage war selbst nicht so beschaffen, daß ich, dem es selbst an allem mangelte, einen andern hätte trösten können. Deßwegen werde ich auch itzt kurz seyn: denn so wie letzthin viele Worte unnöthig waren, sind sie es nun auch: wären sie aber dort nöthig gewesen, so ist es itzt überflüßig; denn es hat sich seither nichts neues zugetragen.

Ich

Ich höre zwar täglich was dergleichen, von dem Sie gewiß auch Nachricht bekommen werden: aber die Sache läuft immer auf das nämliche hinaus: und ich sehe das Ding so ganz vor mir, als wenn ich es mit Augen sähe; aber doch nicht mehr, als auch Sie sehen werden. Denn obwohl es niemand weißsagen kann, was für einen Ausgang endlich die Schlacht nehmen werde, so sehe ich es doch, wo es mit dem Kriege hinauslaufen werde: und wenn auch dieß nicht so gewiß; so sehe ich wenigst, wie der Sieg auf dieser oder der andern Seite werde beschaffen seyn; denn eine von beyden muß siegen.

Da ich dieß alles genau eingesehen, so sehe ich dabey nichts Uebels: wenn uns nur das zuvor noch begegnet, wovor sich die Menschen so sehr fürchten. Denn so leben, wie man alsdann leben müßte, wäre das größte Elend: sterben aber hat noch kein Weiser elend geheißen; nicht einmal im besten Wohlstande sterben. Aber Sie sind in einer Stadt, in der

(das

(daß ich mich so ausdrücke) sogar die Wände
noch besser, und nachdrücklicher sprechen können.

Ich versichere Sie aber, wenn gleich das
Elend andrer ein schlechter Trost ist; daß Sie
wirklich in keiner größern Gefahr sind, als jeder von denjenigen, die sich entfernten, oder
die zurückgeblieben sind: denn die einen streiten; und die andern fürchten den Sieger.

Doch dieser Trost, wie ich sagte, ist ein
elender Trost: ich schreib' Ihnen einen nach-
drücklichern; nützen Sie ihn, wie ich. So
lange ich lebe, darf ich mich keiner Sache
wegen ängstigen, wenn ich schuldlos bin:
und leb' ich nimmer; so hört meine Empfindung ohnehin auf.

Aber da trag' ich schon wieder Eulen nach
Athen * (Wasser ins Meer): Sie, die Ihrigen, und alle ihre Angelegenheiten liegen mir
sehr nahe, und werden mir immer nahe liegen,
so lang' ich lebe. L. S. w.   Vier-

---

* Ein Sprichwort: zu Athen wurde eine Eule auf
  die Münzen geprägt. Es waren also viel Eulen
  zu Athen; weil viel Geld dort war.

Vierter Brief.

Inhalt.

Wieder ein Trostbrief vom nämlichen Inhalte. Im Jahre 707.

M. T. Cicero an den Aulus Torquatus.

Neuigkeiten kann ich Ihnen keine schreiben: und gäbe es auch einige, so weiß ich, daß sie Ihnen die Ihrigen gewiß schreiben würden. Von der Zukunft läßt sich immer schwer reden: doch, wenn die Sache so ist, daß man etwa den Ausgang vorsehen kann, so trifft man oft mit seiner Vermuthung sehr nahe. Für itzt scheint mir begreiflich, der Krieg werde zu lange nimmer dauern: andre denken freylich anders. Denn da ich dieses schrieb, glaubte ich, daß schon etwas vorgegangen seyn müßte: nicht als wenn — ich etwas gewisses davon sagen könnte. Doch da ist es

schwer

schwer was zu vermuthen. Das Glück im
Kriege steht bald da, bald dort; der Aus-
schlag des Treffens ist meistens ungewiß; und
man sagt, es stehe auf jeder Seite sehr viel
Mannschaft; die Leute seyn auf jeder Seite so
hitzig, daß der Sieg kein Wunder ist, wo er
immer hinfällt. Jene Meynung der Leute
stärkt sich von Tag zu Tag mehr: man glaubt,
wenn gleich die Gründe des Krieges von beyden Seiten sehr ungleich sind; werde doch unter dem Siege jeder Parthey wenig Unterschied
seyn. Von der einen Seite haben wir beynahe
schon Erfahrung; von der andern denkt jedermann so: ein erzörnter Sieger mit dem
Schwert in der Hand ist furchtbar!

Wenn ich dadurch ihren Schmerz, statt
Sie zu trösten, noch vergrößere; so bekenne
ich, daß ich für gemeinschäftliche Uebel keinen
Trost weiß, als nur diesen einzigen, der doch,
wenn Sie ihn überdenken, sehr eindringend ist,
und den ich mir von Tag zu Tag mehr selbst
vorsage: Das Zeugniß des Herzens, man

I   habe

habe es immer aufrichtig und redlich gemeynt, ist in Widerwärtigkeiten der beste
Trost, und dazu noch die Ueberzeugung, es
gebe keine Uebel von Wichtigkeit, außer
die Schuld. Da wir nun davon ganz frey
sind, da wir noch die besten Absichten hatten, und
man mehr die Folge unsers Entschlusses, als
den Entschluß selbst tadelt; und da wir unsere
Schuldigkeit nach Kräften gethan haben, so wollen wir unser Schicksal mit Gelassenheit ertragen.

Doch ich wage es nicht, Sie über unser
gemeinschäftliches Elend zu trösten: denn dazu erfodert es mehr Verstand und Einsicht;
wie es, um selbes zu tragen, besondere Starkmuth und Duldsamkeit fodert. Dieß aber zu
zeigen, warum besonders Sie nicht Ursache
haben zu trauren, ist jedem sehr leicht. Denn
wie eigentlich derjenige ihrer Zurückberufung
wegen denke, der bisher mit seiner Hilfe
etwas unthätiger gewesen, bin ich nun ganz
außer Zweifel: und von den übrigen wollen
Sie,

Sie, wie ich glaube, meine Meynung nicht
wissen.

Es müßte Sie nur noch ihre lange Entfernung von den Ihrigen betrüben! So eine
Entfernung thut aber auch wehe; besonders
von so artigen, lebhaften und scherzhaften Kna-
ben. Aber unsere Lage, wie ich Ihnen schon
einmal sagte, ist so, daß ein jeder seinen Zustand für den elendesten hält, und daß jeder da
am unliebsten seyn mag, wo er ist. Denn daß
ich in Rom bin, halte ich wirklich für ein
großes Elend; nicht etwa weil es bey jedem
Unglücke schwerer fällt, Augenzeuge zu seyn,
als nur die Nachricht des Unglückes zu hören:
sondern weil ich allen Anfällen plötzlicher Ge-
fahren, auf diese Art mehr ausgesetzt bin,
als wenn ich entfernt wäre.

Doch auch mich, der Sie trösten will, be-
ruhigten nicht so fast die Gründe der Philoso-
phie, die ich von Jugend an liebte; sondern
die Länge der Zeit. Sie wissen, wie unendlich betrübt ich war: mein erster Trost war

J 2   dieser,

dieser, daß ich damals, da ich mich auch unter
der unbilligsten Bedingniß nach dem Frieden
sehnte, weiter sah, als die übrigen. Und wenn
diese Einsicht gleichwohl nur Zufall, und nicht
Weissagung war; so vergnügt mich auch dieß
leere Lob meiner Klugheit. Dann haben wir
beyde noch diesen Trost: gesetzt, ich müßte
sterben; so würde mir doch die Trennung von
diesem Staate nicht schwer fallen; besonders
weil darüber nach dem Tode keine Empfindung
übrig bleibt. Daneben tröstet mich mein Alter, und der Blick in mein vergangenes Leben,
das mit seinem wohlgeführten Laufe vergnügt
ist, und mir gleichsam verbiethet, da Gewalt
zu fürchten, wohin mich beynahe die Natur
selbst schon geführt hat. Endlich kam in diesem Kriege so ein Mann, oder solche Männer
um das Leben, daß es Unsinn wäre, wenn es
die Noth foderte, nicht das nämliche Schicksal tragen zu wollen. Ich stelle mir immer alles vor, und denke, es sey kein Uebel so groß,
das mir nicht begegnen könnte. Aber weil die

Furcht

Furcht immer ein größers Uebel ist, als das Uebel selbst, wovor man sich fürchtet; so lasse ich endlich nach: besonders weil uns ein Schicksal droht, das nicht nur mit keinem Schmerzen verbunden ist, sondern das selbst des Schmerzens Ende ist.

Aber genug davon, oder zu viel, als nöthig war: doch ich schreibe nicht deßwegen so lange Briefe, weil ich geschwätzig bin; sondern weil ich so gut gegen Sie denke, und es so aufrichtig mit Ihnen meyne.

Ich sah es ungern, daß Servius von Athen weggieng: denn ich zweifle nicht, daß der tägliche Umgang, und Unterredungen mit so einem Herzensfreunde, so rechtschaffnen und klugen Manne, Ihnen nicht große Erleichterung sollte gegeben haben. Herr, richten Sie sich nun selbst, wie Sie es gewöhnt sind, und wie es auch ihre Pflicht ist, durch ihre eigne Tugend auf: ich werde alles, was ich weiß, daß

I 3   Ihnen

Ihnen gefällt, und zum Vortheile der Ihrigen
gereicht, mit der genauesten Angelegenheit be=
sorgen. Und wenn ich das alles thue, so ah=
me ich nur ihre Gewogenheit gegen mich nach,
und erreiche ihre Verdienste doch nicht. L.
S. w.

Fünfter Brief.

Inhalt.

Aulus Licinius Cäcina war ein ansehnlicher römischer Senator. Er war ein eifriger Vertheidiger der römischen Freyheit, und zog mit dem Pompejus zu Felde. Damit nicht zufrieden, schilderte er Cäsars Ungerechtigkeiten in einer weitschichtigen Schrift. Nach der unglücklichen Schlacht bey Pharsalus floh er auf seine Güter in Hetrurien. Da machte er wieder eine Schrift; beschrieb darinn Cäsars großen Geist und herrliche Thaten; und hoffte seine Sache, die er durch den Feldzug, und die erste Schrift verdorben hatte, wieder gut zu machen. Dieser Brief ist im Jahre 707 geschrieben, da Cäcina in Sicilien war: es scheint, es sey eine Antwort auf den folgenden 7ten. Cicero tröstet den Cäcina mit der Hoffnung einer heitern Aussicht. Im Jahre 707.

J 4   M. T.

M. T. Cicero an den Aulus Cäcina.

So oft ich ihren Sohn sehe, lieber Cäcina, und ich sehe ihn beynahe täglich, verspreche ich ihm meine Dienste und Neigung, ganz ohne Ausnahme irgend einer Arbeit, einer Beschäftigung, oder einer Zeit: meine Gunst aber bey andern, und mein Ansehen verspreche ich ihm mit dem Zusatze: so viel ich damit ausrichten kann. Ihre Schrift hab' ich gelesen, lese sie noch immer mit Aufmerksamkeit, und bewahre Sie sorgfältig.

Ihr Wohlstand, und alle ihre Angelegenheiten liegen mir sehr nahe am Herzen: ich sehe es auch täglich, daß es besser damit geht, und daß viele wahren Antheil daran nehmen: von dem Eifer dieser Leute, und der guten Hoffnung für Sie hat Ihnen, wie ich weiß, ihr Sohn schon Nachricht gegeben. In Dinge, die man nur muthmaßen kann, wage ich mich nicht, tiefer zu sehen, als ich gewiß weiß, daß Sie auch sehen. Weil aber möglich ist,

daß

daß in dieser Sache ihr Auge trüber sieht; so
halte ich es für meine Pflicht, Ihnen meine
Gedanken zu schreiben.

Die itzige Lage der Umstände und der
Zeit ist so, daß dieß Unglück weder für Sie,
noch die übrigen redlichen Männer, und die
bittere Ungerechtigkeit bey einer so gerechten
Sache, und rechtschaffnen Bürgern eben lange
dauren kann. Zu dieser Hoffnung also, die
ich vor andern, nicht einzig ihrer Würde und
Tugend wegen für Sie habe (denn diese Eigenschaften haben Sie auch mit andern gemein) kommen noch ihre eignen Gaben, ihr
ausnehmender Verstand und Geist, und ihre
unbegränzte Tugend: Und auf diese hält Cäsar, in dessen Gewalt wir sind, unendlich viel.
Sie würden sich also keinen Augenblick in ihrem Elende befunden haben, wenn er sich nicht
eben durch ihre Geschicklichkeit, die ihn so sehr
ergötzt, für beleidiget gehalten hätte: aber auch
diese Vorstellung verliert sich bey ihm täglich
mehr: und diejenigen, die alle Tage bey ihm

sind,

sind, sagen mir; eben diese Schätzung von ihrer Wissenschaft werde für Sie sehr vortheilhaft seyn.

Seyn Sie also nur standhaft und starkmüthig: so sind Sie gebohren, so sind Sie
erzogen, so gelehrt worden; und so sind Sie
auch schon bekannt. Steifen Sie sich auf die
Hoffnung, und zwar aus jenen Gründen, die
ich Ihnen geschrieben. Von mir dörfen Sie
sich für sich sowohl, als ihre Kinder alles versprechen: denn das fodert unsere alte Liebe,
meine Gewohnheit, so gegen meine Freunde
zu handeln, und endlich die vielen Dienste, die
Sie mir schon erwiesen haben. L. S. w.

Sechs-

Sechster Brief.

Inhalt.

Dieser Brief ist mit dem vorigen des nämlichen Inhaltes.

M. T. Cicero an den Aulus Cäcina.

Herr, gemäß ihrer Verdienste um mich, gemäß der Liebe, die wir zu den nämlichen Wissenschaften tragen, und gemäß der Verbindung in Rücksicht der Parthey, zu der wir uns schlugen, bin ich Ihnen die werkthätigste Hilfe schuldig, und ich verspreche sie Ihnen auch. Aber ich fürchte, Sie möchten mich in diesem Stücke sowohl, als der Nachläßigkeit wegen im Briefeschreiben beschuldigen. Doch auch darinn bin ich unschuldig. Ich schrieb Ihnen deßwegen so lange nicht, weil ich alle Tage bessere Aussichten erwartete, und Ihnen lieber Glück gewünschet, als Trost zugesprochen hätte. Aber nun hoffe ich, daß ich Ihnen

bald

bald werde Glück wünschen können: also da=
von ein andermal.

Ich hoffte es zwar, und hörte es auch,
ihr Gemüth sey so ganz niedergeschlagen nicht.
Doch will ich Sie in diesem Briefe auf das
nachdrücklichste zu trösten suchen; nicht eben
durch weise Zusprüche, sondern durch solche,
die aus dem Herzen ihres besten Freundes kom=
men. Aber dabey werde ich Sie doch nicht,
als einen Mann betrachten, der im Elende oh=
ne Hoffnung der Rettung da liegt; sondern
als einen unglücklichen, an dessen Rettung ich
so wenig zweifle, als Sie einst an meiner Zu=
rückberufung in das Vaterland gezweifelt ha=
ben. Denn als mich jene Leute *, die sich oh=
ne meinen Fall den Sturz der Republick nicht
möglich dachten, aus dem Staate vertrieben
hatten; so erinnere ich mich noch, von vielen,
die aus Asien zu mir kamen, gehöret zu ha=
ben, daß Sie mir eine baldige, und ruhmvolle
Zurück=

=bius, Cäsar, Pompejus und Crassus.

Zurückkehr versprochen. Wenn Ihnen die Wis=
senschaft aus Hetrurien, die Weissagung, die
Sie von dem großen, vortrefflichen Manne,
ihrem Vater, gelernt hatten, nicht fehlgeschla=
gen hat; so hoff' ich, soll meine Weissagung
mich auch nicht betriegen, die ich mir aus
den Schriften und Lehrsätzen der weisesten Män=
ner, aus eignem Verwenden auf die Gelehr=
samkeit, wie Sie wissen, aus Erfahrung beym
Staate selbst, und dem erstaunlichen Wechsel
meiner Zeiten erworben habe. Und ich trage
wirklich desto mehr Zuversicht auf diese Art
von Weissagung, weil sie mich selbst bey dem
Chaos dieser Zeiten noch nie betrogen hat.
Ich könnte hier Beyspiele anführen von Din=
gen, die ich so, wie sie geschahen, geweissaget
hatte; wenn ich nicht besorgte, man möchte
meine Weissagung als eine Erdichtung anse=
hen, die ich aus dem Erfolge hergenommen
hätte. Aber dafür hab' ich doch meine Zeu=
gen, daß ich anfangs den Pompejus gemah=
net habe, sich mit Cäsarn nicht zu verbinden;

nach=

nachgehends aber, sich nimmer von ihm zu trennen. Denn ich sah, daß durch die Verei= nigung die Macht des Senates geschwächt; und durch die Trennung ein innerlicher Krieg entstehen werde. Dabey stand ich mit Cäsarn im vertrautesten Umgange, und gegen den Pom= pejus trug ich die höchste Schätzung. Und doch war mein Rath für den Pompejus treu gemeynt, und für beyde gewiß zuträglich. Was ich dabey sonst noch vorhergesehen hatte, das übergeh' ich. Denn ich möchte nicht gerne, daß Cäsar, der so viel Verdienste um mich hat, glauben sollte, als hätte ich dem Pompejus so was gerathen, daß Cäsar, wenn Pompe= jus meinem Rathe folgsam gewesen wäre, zu Friedenszeiten zwar ein Mann vom erhaben= sten Range seyn, aber so viel Macht doch nicht, als itzt, haben würde. Ich war der Meynung, Pompejus sollte in seine Provinz, Spanien, gehen: hätte er meiner Meynung gefolgt, so wäre kein Bürgerkrieg entstanden. Daß man auf Cäsarn des Consulates wegen Rücksicht

haben

haben sollte, suchte ich freylich die Erlaubniß
nicht so eifrig, als ich mir Mühe gab, daß
wirklich auf ihn gesehen werden sollte, nach=
dem es Pompejus in seinem Consulate selbst
dahin gebracht, daß solches das ganze Volk
durch ein Gesetz fest gesetzet hatte.   Daraus
entstand die Ursache zum Kriege. Nun in was
hab' ich es dabey durch meine Warnungen
oder Klagen versehen, es dahin zu bringen,
daß auch der unbilligste Frieden dem gerech=
testen Kriege vorgezogen würde? Mein Rath
und Ansehen unterlagen: nicht auf der Seite
des Pompejus, sondern auf Seite derjenigen,
die gesteift auf Pompejus Heldenmuth, den
Krieg und den gehofften Sieg für ihre Begier=
den und häusliche Umstände sehr vortheilhaft
ansahen.   Der Krieg nahm seinen Anfang; ich
regte mich nicht: er wurde aus Italien hin=
ausgeschlagen; ich blieb zurück, so lange es
möglich war: aber endlich waren die Eindrü=
cke der Schamhaftigkeit stärker, und wirksa=
mer, als die Eindrücke der Furcht.   Ich hielt

es für Verletzung der Pflicht, mich dem Geschäfte für das Wohl des Pompejus zu ent-
ziehen, der einst mit so vielem Eifer auch für
das meinige gearbeitet hatte. So zog ich mit
Wissen und Bedacht, wie einst Amphiaraus *
entweder aus Freundschaft, oder dem Gerede
der Rechtschaffnen auszuweichen, oder aus
Schamhaftigkeit, dem drohenden Unglück' entgegen. In diesem Kriege trug sich nichts widriges zu, das ich nicht vorgesagt hätte. Da
ich also als römischer, öffentlicher Augur, nach
dem Herkommen aller Wahrsager und Stern-
deuter, das Ansehen meiner Wissenschaft, und
Wahr-

* Amphiaraus war ein griechischer Wahrsager.
Weil er sah, daß er unvermeidlich umkommen
würde, wenn er mit in den thebanischen Krieg
zöge; verbarg er sich. Seine Gemahlinn Eri-
phyle ließ sich durch eine Schnur Perlen beste-
chen, entdeckte ihren Mann: und so mußte er
mit offnen Augen dem gewißen Tode entgegen
gehen.

Wahrsagerkunst aus dem obigen bey Ihnen
bewiesen habe, so denke ich, soll meine itzige
Weissagung auch Glauben finden. Ich weis-
sage Ihnen also nicht aus dem Fluge, nicht
aus dem Geschrey, wie es in unserer Wissenschaft Herkommens ist, nicht aus dem mun-
tern Hacken auf die Erde, oder dem begieri-
gen Fressen der Vögel; sondern aus andern
Zeichen, die ich beobachte. Sind sie gleich
nicht zuverläßiger, als jene; so sind sie doch
wenigst nicht so dunkel, und nicht so viel Irr-
thümern ausgesetzt. Ich bemerke aber diese
Wahrsagerzeichen aus einer doppelten Gegend
her: einige nehme ich von Cäsarn; die andern aus der Beschaffenheit und den Umständen der Zeit.

Bey Cäsarn finde ich folgendes: eine Natur zu Gelindigkeit und Sanftmuth geneigt,
gerade so, wie sie ihre Klagelieder schildern: *

K   dann

---

* Die zweyte Schrift, die Cäcina herumgab; in
welcher er seine erste wieder gut zu machen suchte.

dann seine große Liebe zu Männern von Ge=
lehrsamkeit und Wissenschaft, wie Sie sind: end=
lich seine Nachgiebigkeit gegen das Flehen sol=
cher, die rechtmäßig aus Pflicht und Liebe,
nicht aber aus eiteln, und eigennützigen Absich=
ten flehen; und zu dieser Nachgiebigkeit wird
ihn die Stimme ganz Hetruriens lenken. Daß
dieß Flehen und Bitten, bisher noch unwirk=
sam gewesen, mag daher kommen, weil er
glaubt, er werde den Bitten so vieler andrer
nicht widerstehen können, wenn er Ihnen ihr
Ansuchen zugestanden hätte, da es schien, als
hätte er mehr Recht, auf Sie zürnen zu kön=
nen. „Wenn es so ist,„ sagen Sie, „was
„kann ich also hoffen von ihm, wenn er auf
„mich zörnt?„ das können Sie hoffen, daß
er es einsehen wird, er werde aus der näm=
lichen Quelle eine Lobrede erhalten, aus der
ihm zuvor Schmähungen zugequollen sind. Und
am Ende ist Cäsar ein scharfsichtiger und weit=
sehender Mann: er sieht, daß er Sie als ei=
nen Mann in einem beträchtlichen Theile Ita=

liens

liens (Hetrurien) ohne Zweifel den edelsten,
allen Großen ihrer Zeit an Geist, Liebe des
Volkes, und Ruhm bey allen Römern völlig
gleich, nicht zu lange aus dem Staate werde
verbannen können. Er wird also lieber wol=
len, daß man die Gutthat der Zurückberufung
ihm — zuschreibe, als der Zeit. .

So viel vom Cäsar. Nun etwas von der
Beschaffenheit und den Umständen der Zeit.
Niemand ist der Parthey des Pompejus, die
er in beßrer Absicht und größerm Muth, als
Zurüstung und Gegenwehr übernommen, so
sehr feind, daß er die Dreistigkeit hätte, uns
schlechte Bürger und boshafte Leute zu nennen.
Und darinn bewundere ich oft Cäsars männ=
liches Betragen, Gerechtigkeit und Weisheit.
Er redet allemal mit den ehrvollesten Ausdrü=
cken von Pompejus. Hat er aber nicht gegen
die Person des Pompejus viel hartes ausge=
übt? freylich wohl: aber das waren nicht
Cäsars Werke, sondern Werke des Krieges,
und des Sieges. Wie gütig entgegen hat er

K 2   nicht

nicht uns aufgenommen? den Caſſius hat er
zu ſeinem Legaten gemacht: dem Brutus über=
gab er Gallien; dem Sulpitius Griechen=
land: und den Marcellus, auf den er doch
ſehr ungehalten war, ſtellte er mit deſſen größ=
ter Ehre und Anſehen wieder zurück.

Ich denke, Sie verſtehen es, wo ich mit
dem allen hin will. Herr, weder die Beſchaf=
ſenheit und Umſtände der Zeit, noch die Lage
des Staates, wenn er bleibt, wie er iſt, oder
auch wenn er umgeändert werden ſollte, wird
es zugeben, daß erſtlich nicht auch alle von
der nämlichen Parthey gleiches Schickſal und
gleiches Glück haben ſollten; und dann, daß
redliche Leute und rechtſchaffne Bürger, die
keiner Schande bezüchtiget worden, nicht wie=
der in den Staat zurückkehren dörften, in den
ſo viele wieder zurückberufen worden, die doch
der ſchändlichſten Uebelthaten gerichtlich ver=
urtheilet waren.

Hier haben Sie meine Weiſſagung! wür=
de ich daran nur im geringſten zweifeln; ſo

hätte

hätte ich eher den Trost hergesetzt, womit ich
leicht einen tapfern Mann aufrichten könnte.
Nämlich, daß Sie, wenn Sie zum Besten des
Staates (denn so dachten Sie damals) überzeugt vom gewißen Siege, zu den Waffen ge-
griffen, so viel Lob eben nicht verdienet hätten:
wären Sie aber des ungewißen Erfolges wegen im Kriege der Meynung gewesen, daß
wir unterliegen könnten; so müßten Sie sich
nicht etwa nur auf Glück gefaßt gemacht haben, und das Unglück entgegen so wenig ertragen können. Ich würde Ihnen weitläuftig
vorstellen, was für einen Trost Ihnen ihr Bewußtseyn, rechtschaffen gehandelt zu haben,
und was für Vergnügen Ihnen die Wissenschaften geben können. Ich würde die tiefen
Fälle zerschiedener Männer anführen, die entweder Feldherren, oder ihre Gefährten waren:
dabey würde ich auch viele auswärtige Männer nennen. Denn die Erinnerung des allgemeinen Verhängnisses, und des Zustandes, der
alle Menschen trifft, erleichtert die Traurigkeit

K 3   uns

ungemein. Ich würde Ihnen beschreiben, in
was für einem Gelärme, und gänzlicher Verwirrung wir hier leben. Denn man muß sich
nothwendig weniger nach einem verworrenen
und zerfallnen Staate sehnen, als nach einem
aufrechten, guten Staate.

Aber dergleichen Gründe braucht es bey Ihnen nicht. Ich werde Sie bald, wie ich hoffe,
oder vielmehr, wie ich es deutlich und gewiß
weiß, zurückgestellt hier in Rom sehen. Unterdessen hab' ich Ihnen schon in ihrer Abwesenheit,
und ihrem trefflichen, männlich standhaften
Sohne hier in Rom, ihrem wahren Ebenbilde,
was Körper und Seele betrifft, meine ganze
Neigung, Dienste, Bemühung und Arbeit ehe-
dem versprochen und angetragen: und trag'
es Ihnen itzt um so viel mehr an; weil mich
Cäsar täglich bis zur innersten Freundschaft
mehr lieb gewinnt: bey seinen Freunden* ist niemand,

---

* Pansa, Hirtius, Balbus, Oppius und Marius.

mand, als Cicero, und wieder Cicero. * Was ich nun bey Cäsarn immer durch mein Anse: hen, und die Gunst, die er mir bezeugt, ver: mögen werde, das will ich ganz zu ihrem Vor: theile verwenden. Tragen Sie unterdessen Sor: ge , daß Sie sich durch Starkmuth und gute Hoffnung ermuntern. L. S. w.

* Zum Beneiden vertraut : und doch ohne Wir: kung ! wozu denn also diese Großsprecherey für Cicero ?

Siebenter Brief.

Inhalt.

In diesem Briefe beklagt sich Cácina, daß Cáſar wegen ſeiner Schrift auf ihn zörne, da er doch jenen vergeben habe, die ihm im Angeſichte der Götter gefluchet hatten. Er entſchuldiget ſich, daß ihm ſeine zweyte Schrift ſo ſpät eingeliefert werde: bittet, daß er ſie zu ſeinem Vortheile ausbeſſern, und für ſeine Zurückſtellung arbeiten möchte. Im Jahre 707.

A. Cácina an den Cicero.

Vergeben Sie es meiner Furcht, lieber Cicero, daß Sie meine Schrift ſo ſpät erſt bekommen: und tragen Sie mit meinen Umſtänden Mitleiden. Mein Sohn, wie ich höre, ſtand in Furcht, das Ding könnte mir ſo ohne Noth nachtheilig ſeyn; beſonders weil ich wirklich noch für die Sünde meiner Feder büße. Und er hat auch recht: denn es kömmt mehr

darauf

darauf an, wie die Schrift aufgenommen, als
mit was für einer Absicht und Meynung sie geschrieben ward. Und da geht mirs so ganz be-
sonder: ein Schreibfehler wird sonst durch einen Strich gebessert; eine thörichte, dumme
Schrift durch öffentliches Urtheil gestraft: aber
mein Fehler — mit dem Elende; und der besteht
einzig darinn, daß ich meinen Gegner, wider
den ich mit dem Schwert in der Hand zu Felde gezogen, auch mit Worten angegriffen habe.
Ich denke nicht, daß ein einziger unter uns
war, der nicht des Sieges wegen Gelübde gethan: keiner, der nicht zur nämlichen Zeit, auch
wenn er wegen einer andern Gelegenheit geo-
pfert, zugleich Cäsars Fall mit gewünschet hätte. Stellt sich Cäsar dieß nicht vor, so ist er
vollkommen glücklich. Weiß er es aber, und
ist er überzeugt davon; was zörnt er denn auf
einen, der etwas wider seinen Willen geschrieben hat; da er allen vergeben, die mit innig-
stem Eifer zu den Göttern um seinen Fall ge-
flehet haben?

K 5   Aber

Aber wider auf das vorige: dieß war die
Ursache der Furcht. Von Ihnen, lieber Cicero, schrieb ich wahrlich sehr wenig, und
sehr behutsam. Ich wich nicht nur so allge-
mach von ihrer Erwähnung ab; sondern ich
brach gähling ab. Wer weiß aber nicht, daß
so eine Schrift nicht nur frey, sondern feurig
und erhaben seyn sollte? Einem andern flu-
chen, könnte man denken, ist doch leicht: freylich wohl; aber es braucht doch Behutsamkeit,
daß man dabey nicht zu ausgelassen, oder zu
muthwillig werde. Sich selber loben, entgegen ist schwer; denn wie leicht fällt man da
in Großsprecherey? das allein hält man für
leicht, einem andern das Lob zu sprechen: ver-
sieht man sich aber dabey, und thut der Sache zu wenig; so rechnet mans entweder der
schwachen Einsicht, oder dem Neide zu. Und
ich weiß nicht, ob Ihnen das nicht angenehmer und schicklicher ist? denn was ich nicht
so ganz mit Nachdruck thun konnte, wollte
ich lieber gar nicht berühren; und überhaupt

sehr

sehr sparsam damit zu seyn, schien mir noch das Beste. Ich hielt wenigst an mich. Da verkleinerte ich was, dort strich ich etwas weg; und von dem meisten sagte ich kein Wort. Wie man sich also bey einer Leiter, an der man einige Sprossen herausnimmt, einige einschneidet, andre nur halb und halb einschließt, keinen Weg zum Aufsteigen bahnt; sondern der Gefahr, einen Fall zu thun, aussetzt: eben so kann eine Schrift, wobey man durch so üble Umstände gebunden, und im Schreiben geschwächt wird, nichts enthalten, das des Lesens, oder des Beyfalles würdig wäre.

Wenn ich aber an Cäsars Namen komme, so schaudert mirs durch den ganzen Leib; nicht aus Furcht irgend einer Strafe, sondern aus Furcht vor seinem Urtheile über meine Schrift: denn ich kenne den ganzen Cäsar noch nicht. Oder wie meynen Sie, daß einem zu Muthe ist, wenn man so zu sich spricht: — wird er das gutheißen? dieß Wort scheint verdächtig: wie, wenn ichs änderte? aber da

könnte

könnte ichs noch schlimmer machen! Wenn
ich jemanden lobe, verstoß' ich mich nicht
etwa darinn? und wenn ich mich etwa
nicht verstieße; könnte ihm vielleicht nicht
schon einzig fremdes Lob mißfallen? ver=
folgt er die Schrift eines Mannes, der wi=
der ihn im Felde stand; wie wird er die
Schrift eines solchen ansehen, der über=
wunden, noch wirklich im Elende schmach=
tet? — Sie selbst, mein Cicero, vergrößern
meine Furcht: indem Sie sich in ihrem Bu=
che (der gute Redner) hinter den Brutus
flüchten, und zu ihrer Entschuldigung einen
Mitgenossen suchen. Wenn Sie, Cicero, der Ad=
vokat und Vertheidiger aller andern dieses thun,
was muß ich denken, ihr alter, und itzt je=
dermanns Client? Bey so einer erfinderischen
Furcht, und marternder, verdachtvoller Unge=
wißheit, da man das meiste nach fremder Ver=
muthung und Auslegung, nicht nach seinem
Urtheile schreiben muß, ist es schwer durch=
zukommen: ich hab' es erfahren, mein lieber
                                    Cicero:

Cicero: Sie hat gegen diese Erfahrung ihr ausnehmend vortrefflicher, und großer Geist geschützt.

Bey dem allen sagte ich doch meinem Sohne, daß er Ihnen den Aufsatz lesen, und dann wieder mit sich nehmen, oder Ihnen mit dem Bedingnisse übergeben sollte, wenn Sie versprächen, den Aufsatz zu verbessern, das ist, ganz umzustalten.

Mit meiner asiatischen Reise machte ich es ganz nach ihrem Befehle; obwohl mich beynahe die äußerste Noth dazu gezwungen.

Eine Erinnerung an Sie, daß Sie mir immer gut seyn sollen, scheint mir überflüssig. Sie sehen selbst, daß nun jener Zeitpunkt ist, in dem es mit mir zur Entscheidung kommen muß. Auf meinen Sohn dörfen Sie sich dabey nicht verlassen, lieber Cicero: er ist ein Junge, und folglich entweder aus Vaterliebe,

liebe, oder Mangel des Alters, oder aus Furcht
unfähig zu Ueberlegungen. Sie müßen schon
selbst die ganze Sache auf sich nehmen: denn
auf Ihnen beruht meine Hoffnung alle. Gemäß ihrer Klugheit wissen Sie, woran Cäsar
Vergnügen findet, und womit er sich einneh-
men läßt: Sie müßen also die Sache schon in
Gang bringen, und auch zu Ende führen.
Bey Cäsarn selbst vermögen Sie viel, und
bey allen seinen Freunden noch mehr. Wenn
Sie denken, Cicero, es stehe Ihnen nicht nur
zu, das zu thun, um was ich Sie bitte, (doch
auch das ist schon eine Sache von großer Wichtigkeit) sondern die ganze Sache liege Ihnen
so nahe, als ihre eigene; so werden Sie damit gewiß zu Stande kommen. Aber vielleicht
leg' ich Ihnen eine Last auf; und bin in meinem Elende zu thöricht, oder in meiner Freundschaft zu unverschämt. Aber für beyde Fälle
entschuldiget mich ihre bisherige Gewohnheit,
und ihr Betragen gegen mich. Denn weil Sie
sich die Angelegenheiten ihrer Freunde so nahe
                                    legen;

legen; ſo hofft man nun ihre wirkſame Theil=
nehmung nimmer, ſondern fodert ſie gleichſam
Befehlweiſe.

Mein Sohn wird Ihnen die Schrift ge=
ben: behalten Sie dieſelbe in ihrer Hand, oder
verbeſſern Sie ſie ſo, daß ſie mir nicht ſchäd=
lich werde. ꝛ. S. w.

Achter

Achter Brief.

Inhalt.

Cicero hatte erhalten, daß Cäcina sich in Sicilien aufhalten dörfe. In diesem Briefe ermahnet er ihn, von da nicht wegzureisen. Im Jahre 707.

M. T. Cicero an den Aulus Cäcina.

Largus * ein Mann, der sehr für ihr Bestes besorgt ist, sagte mir, der erste Jänner sey der bestimmte Tag, an dem Sie Sicilien verlassen müßten. Weil ich aber aus vielen Gelegenheiten schon wußte, daß Cäsar alles billige, was in seiner Abwesenheit Balbus und Oppius ** thun würden: so sprach ich auf das angelegentlichste mit diesen, daß sie mir den Gefallen thun, und Ihnen erlauben möchten,

so

---

* Ein vornehmer Römer.

** Die zween größten Staatsmänner Cäsars.

so lange in Sicilien zu bleiben, als wir wollten. Sonst pflegten mir diese Herren meine
Bitten, wenn sie ihnen je nicht zu bedenklich
schienen, allemal zu gewähren, oder auf der
Stelle abzuschlagen, und dabey die Ursache an-
zuzeigen. Dießmal antworteten sie auf meine
Bitte nichts: den nämlichen Tag aber kamen
sie noch zu mir, und gestanden mir es zu, daß
Sie so lange in Sicilien bleiben dörften, als
Sie wollten: übrigens nähmen sie es auf sich,
daß Sie sich deßwegen Cäsars Unwillen nicht
zuziehen würden.

Itzt wissen Sie, wie weit ihre Erlaubniß
geht: nun muß ich Ihnen auch sagen, was dabey eigentlich mein Rath wäre. Da dieß alles schon richtig war, bekam ich ihren Brief:
in diesem fragen Sie mich um Rath, ob ich
meyne, Sie sollten in Sicilien bleiben, oder
nach Asien reisen, wo Sie einige Foderungen
hinriefen. Diese ihre Ungewißheit schien mir
mit der Rede des Largus nicht allerdings
überein zu kommen. Denn dieser redete so

L   mit

mit mir, als wenn es Ihnen nicht erlaubt
wäre, länger in Sicilien zu bleiben: und Sie
berathschlagen sich doch, als wenn Sie Er:
laubniß hätten. Sey es damit nun, wie es
will, so rathe ich Ihnen, in Sicilien zu blei:
ben. Die Nähe des Ortes, und Bequemlich:
keit öftere Briefe und Bothen zu schicken, kann
zur Erhaltung unseres Ansuchens sehr viel bey:
tragen: Sie können, wenn wir es, wie ich
hoffe, erhalten, oder die Sache sonst auf eine
Art erreichen, nur desto geschwinder hier in
Rom seyn. Mein Rath ist also durchaus,
Sie sollen in Sicilien bleiben.

Kömmt Titus Furfanius Postumus *
mein bester Freund, und seine Gesandten, auch
meine Freunde; so will ich Sie ihnen aufs
nachdrücklichste empfehlen. Denn sie waren
alle zu Mutina. Herr, es sind alle die treff:
lichsten Männer, Personen von Ihrer Art ge:
neigt, und dazu mit mir in naher Verbin:
dung.

* Der bestimmte Proconsul in Sicilien.

dung. — Was ich für Sie vortheilhaft zu seyn glaube, und mir beyfällt, will ich alles von selbst thun: ist mir aber hie und da was unbekannt; so will ich, wenn man mich daran erinnert, an Eifer gewiß alle andre übertreffen.

Ich werde ihretwegen mündlich so mit dem Surfanius sprechen, daß es überflüßig ist, noch einen Brief an ihn zu schreiben. Weil es aber doch die Ihrigen gerne sähen, daß Sie ihm einen Brief von mir überreicheten; so that ich nach ihrem Willen. Hier haben Sie eine Abschrift davon. L. S. w.

Neun=

Neunter Brief.

Inhalt.

Cicero empfiehlt dem Furfanius, Proconsul in Sicilien, den Cäcina aufs angelegentlichste. Im Jahre 707.

M. T. Cicero an den Furfanius Proconsul.

Ich lebte von jeher mit dem Aulus Cäcina in der größten Freundschaft, und verträulichstem Umgange. Schon mit seinem Vater, einem angesehenen, und tapfern Manne pflag ich Freundschaft: und diesen Aulus, seinen Sohn, liebte ich von seiner Jugend an so sehr, daß ich mit keinem Menschen noch in einer engern Verbindung gestanden, als mit ihm. Aber er machte mir auch immer die größte Hoffnung, daß er ein rechtschaffner Mann, und ein trefflicher Redner werden würde: er lebte mit mir sehr verträulich, erwies mir alle Dienste der Freundschaft, und hatte

glei=

gleiche Neigung mit mir zu den nämlichen Wiſſenſchaften. Mehr ſag' ich Ihnen nicht: denn
Sie ſehen es ſelbſt, wie angelegen es mir ſeyn
muß, ſeinen Wohlſtand, und ſein Beſtes nach
Möglichkeit zu ſchützen.

Weil ich es aus mehrern Umſtänden ſchon
ſah, was Sie über das Schickſal der Recht-
ſchaffnen, und das Elend des Staates für
Geſinnungen haben; will ich von Ihnen weiter nichts begehren, als daß ihre Neigung,
die Sie ohne mich gegen den Cäcina tragen
würden, ſich durch meine Empfehlung ſo viel
verſtärke, als Sie Schätzung gegen mich tragen. Das wäre mir das angenehmſte, was
Sie mir erweiſen könnten. x. S. w.

Zehn-

Zehnter Brief.

Inhalt.

Trebianus war ein römischer Ritter, und ein starker Pompejaner. Er zog
in Griechenland; und nach der Schlacht
bey Pharsalus, noch in Afrika wider den
Cäsar zu Felde. Deßwegen mußte er ins
Elend; und verlohr alle seine Güter in
Italien. In diesem Briefe tröstet ihn
Cicero, biethet ihm seine Dienste an,
und verspricht ihm schleunige Hilfe. Dieser Brief macht eigentlich zween. Der
erste blieb eine Zeit liegen; Cicero schrieb
dann noch einen, und schickte sie beyde
zugleich fort. Im Jahre 707.

M. T. Cicero an den Trebianus.

Wie hoch ich Sie schätze, und von jeher
geschätzt habe, und wie hoch Sie mich
entgegen wieder geschätzt haben, davon bin ich
selbst mein eigner Zeuge. Denn ihr Entschluß,

oder

oder vielmehr ihr Unglück, länger im Bürger=
kriege mitgefochten zu haben, machte mir vom
Anfange her großen Kummer; und die trau=
rige Folge, daß Sie itzt wider Recht und Bil=
ligkeit, und wider meinen Wunsch ihre Ehre,
Ansehen, und ihre Güter so lange nicht erhal=
ten, geht mir gewiß so nahe, als Ihnen im=
mer meine Unglücksfälle gegangen sind. Ich
erklärte mich deßwegen dem Postumulenus,
dem Sestius, und am öftesten unserem lieben
Atticus, * und neulich erst ihrem Freygelaß=
nen Theudas; ich sagte allen diesen, und
noch jedem ins besondere: ich trachte, so viel
in meinen Kräften stünde, Ihnen und ihren
Kindern zu thun, was Sie nur immer gerne
sähen. Schreiben Sie das den Ihrigen, daß
sie sich versichert halten, ich sey bereit, alles
zu thun, was ich immer vermag: meine Hilfe,
mein Rath, mein Vermögen, und mein Na=
men stehe ihnen ganz zu Diensten.

L 4　　　　Wenn

---

* Drey angesehene römische Ritter.

Wenn mein Anſehen, und meine Gunſt
noch ſo viel Nachdruck hätte, als ich in einem
Staate, um den ich mir ſo viele Verdienſte
geſammelt, billig haben ſollte; ſo wären Sie
gewiß ſchon der Mann, der Sie waren, der
würdigſte jeder Ehrenſtellen, oder doch wenigſt
in ihrem Stande der angeſehenſte. Aber da
wir beyde zu einer Zeit, und aus der nämlichen Urſache geſunken ſind; ſo verſpreche ich
Ihnen erſtens das, was ich Ihnen oben] geſchrieben, und das noch bis itzt in meiner
Macht iſt; und dann auch dasjenige, was
außer dem etwa noch in meiner Hand ſteht,
ein kleiner Reſt meines vorigen Anſehens, und
meiner Würde. Denn Cäſar ſelbſt, wie ich
es aus vielen Gelegenheiten ſehen konnte, iſt
mir nicht abgeneigt: und ſeine vertrauteſte
Freunde, die mir nun zu gutem Glücke meiner alten geleiſteten Dienſte wegen verbunden
ſind, ehren mich, und tragen die vollkommenſte
Aufmerkſamkeit gegen mich. Wenn ich alſo Gelegenheit habe, in Betreff ihrer Güter, das

iſt,

ist, ihrer gänzlichen Rettung, worauf alles ankömmt, etwas zu thun (und dazu machen mir ihre Reden täglich die größte Hoffnung): so will ich es von selbst thun, und mir dabey alle mögliche Mühe geben. Jedes hier stück- weise erzehlen, ist überflüßig. Genug, daß ich Ihnen mein ganzes Bestreben, und werkthäti- ges Wohlwollen antrage. Daß Sie dieses den Ihrigen schreiben, daran liegt mir viel: denn sie sollen wissen, daß dem Trebianus der gan- ze Cicero vollkommen zu Dienste steht. Dieß trägt so viel bey, daß sie sich überzeugen, es könne nichts so beschwerlich seyn, daß ich ih- retwegen nicht mit Freude übernehme.

An eben den Trebianus.

Ich würde Ihnen eher geschrieben haben, mein Freund, wenn ich über den Stoff mit mir hätte eins werden können. Denn bey solchen Umständen müßen Freunde sich entwe- der einander trösten; oder Hilfe versprechen. Trösten mochte ich Sie deßwegen nicht; weil

ich

ich von vielen vernahm, wie ſtarkmüthig und
klug Sie dieſem Sturme ihre Stirne böthen,
und wie viel Troſt Sie in ihrem Gewiſſen und
ihren Entſchließungen fänden. Wenn Sie das
thun, Herr, ſo genießen Sie den größten Nu
tzen ihrer vortrefflichſten Wiſſenſchaften, mit
denen Sie ſich von jeher abgegeben haben.
Ich bitte Sie um alles, lieber Trebianus,
halten Sie ſich daran recht feſte.

Zugleich verſichere ich Sie, einen Mann
von der größten Kenntniß der Begebenheiten
in der Welt, der Beyſpiele, und des ganzen
Alterthumes, durch meine eigne Kenntniß, die
vielleicht ſo ſtark nicht iſt, als ich wünſchte,
und durch meine Erfahrung, die ich gerne in
einem geringern Grade beſitzen möchte, daß
ihre Bitterkeit, und das Unrecht, das Sie
leiden, nimmer weit von ihrem Ende ſeyn.
Denn es ſcheint mir täglich, daß ſelbſt jener,
in deſſen Macht alles ſteht (Cäſar), ſich im=
mer der Billigkeit und Betrachtung der Wahr=
heit nähere. Und auch ihre Parthey iſt ſo,

daß

daß sie nothwendig zugleich mit dem Staate,
der doch nicht immer zu Boden liegen kann,
wieder aufleben, und zu Kräften kommen muß.
Alle Tage, mein Trebianus, bekömmt die Sache
eine gelindere, und gütigere Gestalt, als wir
fürchteten. Weil nun das meistens auf sehr
kleine Wendungen der Zeit und Umstände an=
kömmt; so werde ich alle Augenblicke beobach=
ten, und keine Gelegenheit versäumen, Ihnen
beyzustehen, und Erleichterung ihrer Drückun=
gen zu bewirken.

Auf diese Weise wird mir auch die an=
dere Gattung von Briefen, täglich mehr leich=
ter und möglicher werden, wie ich hoffe; näm=
lich, daß ich Ihnen etwas werde versprechen
können: und das will ich im Werke lieber,
als mit Worten.

Herr, Sie haben wirklich mehr Freunde,
als nur jene, die im nämlichen Unglücke mit
Ihnen gefallen sind: so viel meyne ich wenig=
stens bisher eingesehen zu haben: und unter
diesen ist Cicero, einer der eifrigsten. Seyn
Sie

Sie nur immer Mann, Trebianus, groß=
müthig und unerschüttert! und das können
Sie; denn es steht bey Ihnen: was auf das
Glück ankömmt, das wird die Zeit zu Stande
bringen, und meine Sorgfalt und Anschläge.
k. S. w.

Eilf=

Eilfter Brief.

Inhalt.

Durch Hilfe des Dolabella, der bey Cäsarn viel vermochte, erhielt Trebianus die Freyheit, wieder nach Italien zu den Seinigen zurückzukehren. Doch nahm ihm Cäsar zur Strafe einen ansehnlichen Theil seines Vermögens ab. Das merkte Trebianus bey seinem Reichthume kaum. Ueber die gänzliche Wiederherstellung wünscht ihm Cicero in diesem Briefe Glück, und beruhiget ihn wegen der gelinden Strafe, und dem geringen Verlust. Im Jahre 707.

M. T. Cicero an den Trebianus.

Sonst liebte ich den Dolabella, nur so gemeinhin: ich war ihm nicht verbunden, und war seiner Hilfe auch noch nie bedürftig; im Gegentheile war er mir verpflichtet, weil ich ihn schon zweymal in großen Ge-

fahren

fahren geschützt hatte. Aber itzt hat er mich
durch seine Gutthat, womit er letzthin in Betreff ihrer Güter, und itzt ihrer völligen Wiederherstellung vollkommen nach meinem Wunsche gehandelt, so sehr verbunden, daß ich
mich niemanden mehr verpflichtet halte, als ihm.

Ich wünsche Ihnen also aus meiner ganzen Seele Glück dazu, lieber Trebianus: aber
danken sollen Sie mir nicht; nur — eben so herzlich dazu Glück wünschen. Denn Dank will
ich keinen; Glück wünschen aber können Sie
mir in Wahrheit. Da Ihnen also ihre treff-
liche Eigenschaften, und Ansehen den Weg zu
den Ihrigen wieder geöffnet haben; so steht
es nun ihrer Weisheit, und Großmuth zu,
ihren Verlust zu vergessen, und einzig an das
zu denken, was Sie erlanget haben. Sie leben nun bey den Ihrigen, und bey mir. Sie
haben mehr Ansehen erhalten, als an ihren
Gütern verlohren; die ohnedas nur dann Vergnügen machen könnten, wenn unser Staat
in einem guten Stande wäre.

Unser

Unſer Veſtorius hat mir geſchrieben, Sie
danken mir verbindlich. Dieſes Zeugniß ihres
Herzens iſt mir ſehr angenehm: und laſſe es
gerne zu, daß Sie es auch gegen andre, und
beſonders gegen unſern Freund Syro * äuſ-
ßern. Denn was ich thue, möchte ich alles
gerne von jedem klugen Manne gebilliget ſehen. Kommen Sie doch bald, lieber Trebianus, ich ſehne mich recht ſehr nach Ihnen.
L. S. w.

Zwölf-

* Dieſer war ein Epicurier. Dieſe lehrten, man
ſollte ſich um Angelegenheiten ſeiner Mitmen-
ſchen nicht bekümmern.

Zwölfter Brief.

Inhalt.

Titus Ampius Balbus war ein vornehmer Senator. Er hieng dem Pompejus an, und mußte nach der unglücklichen Schlacht aus Italien fliehen. In diesem Briefe berichtet ihm Cicero, daß er nach Rom zurückkehren dörfe: bezeuget ihm darüber seine Freude, und tröstet ihn über den Zerfall des Staates. Im Jahre 707.

M. T. Cicero an den Ampius Balbus.

Ich wünsche Ihnen Glück, lieber Balbus, mit Grunde Glück! denn ich bin so albern nicht, daß ich Ihnen nur auf eine Zeit eine leere Freude machen, diese auf einmal wieder zu Boden werfen, und so zernichten möchte, daß alsdann keine Sache mehr vermögend wäre, Sie zur Fassung und Ruhe des Herzens zu erheben. Ich

Ich betrieb ihre Angelegenheiten freymü=
thiger und offenbarer, als es meine Umstände
foderten. Denn eben durch meine kleine Gunst,
die ich bey andern habe, siegte ich: dazu half
mir meine Schäßung, und unausgeseßte Liebe
gegen Sie, die Sie auch gegen mich auf das
genaueste erwiederten. Was immer zu ihrer
Zurückkehr, und ihrem ganzen Wohlstande
nothwendig ist, ist mir alles versprochen, und
zugesichert, ist alles gewiß, und gebilliget.
Ich hab' es selbst gesehen, gehört, und bin
mit dabey gewesen. Denn alle Freunde des
Cäsars sind ißt zum Glück so geneigt ge=
gen mich, so eingeflochten in verträulichen
Umgang mit mir, daß ich gewiß der näch=
ste bin, zu dem Sie sich nach Cäsarn wen=
den. Pansa, Hirtius, Balbus, Oppi=
us, Matius, und Postumius handeln wirk=
lich so; sie lieben mich vorzüglich. Wenn
ich das erst selbst hätte bewirken müßen; so
könnte es mich, der ißigen Lage nach, nicht ge=
reuen, mir diese Mühe gegeben zu haben.

M   Aber

Aber so that ich in Rücksicht auf diese Zeiten nichts: meine Verbindungen mit diesen Herren sind schon alt; und ihretwegen sprach ich mit denselben unermüdet.

Doch darinne war Pansa der Erste: ein Mann, der Ihnen sehr geneigt ist, mich liebet, und bey Cäsarn beliebt und angesehen ist. Cimber Tillius hat auch alles gethan, was ich von ihm fodern konnte. Doch bey Cäsarn vermögen Bitten, durch die man seine Macht zeigen, und sich andre verpflichten will, nicht so viel, als solche, die man aus Freundschaft thut. Weil nun Cimber in einer solchen Lage war; so wirkte er mehr aus, als er sonst für irgend einen andern hätte auswirken können.

Das Diplom ward nicht gleich ausgefertiget: denn es sind einige so unverschämt, daß sie es sehr übel würden aufgenommen haben, wenn Sie gänzliche Vergebung erhalten hätten, Sie, den sie eher Lärmenblaser zum innerlichen Kriege nennen möchten: sie sagen

noch

noch mehr; gerade, als wenn sie nicht Freude
daran hätten, daß dieser Krieg entstanden ist.
Deßwegen hielt man für gut, die Sache etwas
geheimer zu halten; und es nicht unter die Leu=
te zu bringen, daß es mit Ihnen schon seine
Richtigkeit habe. Aber es wird doch lange da=
mit nimmer anstehen: und ich glaube, es wird
schon völlig zu Stande seyn, wenn Sie die=
sen Brief lesen. Pansa ist ein gesetzter, und
zuverläßiger Mann: er versicherte mich nicht
nur, sondern versprach mir es auch, daß er
das Diplom in kurzer Zeit erhalten werde.

Ich fand unterdessen gut, Ihnen dieses
zu melden. Denn die Reden ihrer Gattinn Ap=
puleja, und die Thränen ihrer Tochter Am=
pia ließen vermuthen, Sie seyn so stark nicht
mehr, als ihre Briefe sagen: sie glaubten auch,
der Kummer werde Sie noch heftiger drücken,
weil Gattinn und Tochter nicht bey Ihnen
wären. Ich dachte also, es würde zur Er=
leichterung ihrer Betrübniß und Aengstlichkeit
viel beytragen; wenn ich Ihnen das als eine

Gewiß=

Gewißheit schriebe, was auch wirklich Gewißheit ist.

Sie wissen, daß ich sonst in meinen Briefen mehr die Absicht hatte, Sie einen tapfern
und weisen Mann zu trösten, als Ihnen gewiße Hoffnung zu ihrer Rettung zu machen;
jene ausgenommen, die ich Sie vom Staate
selbst erwarten ließ, wenn sich diese erste Hitze
einmal verlohren hätte. Erinnern Sie sich zurück an ihre Briefe, mein lieber Ampius:
welch einen Muth haben Sie mir immer darinn gezeigt, wie viel Standhaftigkeit, jeden
Zufall mit Starkmuth zu tragen! Ich wunderte mich auch nie darüber: denn es war mir
bekannt, wie enge Sie von ihrem männlichen
Alter an in Staatsgeschäfte verwickelt waren;
wie ihre Regierungswürden in die gefährlich-
sten Zeiten des gemeinen Wohls und Glückse-
ligkeit gefallen; und mit was für einem Entschlusse Sie auch in diesen Krieg gezogen; daß
Sie nicht nur, wenn Sie siegen sollten, vergnügt, sondern auch nach der Vorschrift der

Weis-

Weisheit leben wollten, wenn die Sache einen unglücklichen Ausgang nähme. Und weil Sie sich mit Aufzeichnung der Geschichte tapferer Männer beschäftigen; so müßen Sie Sorge tragen, denen nicht unähnlich zu handeln, die Sie in ihren Schriften rühmen.

Doch diese Vorstellungen wären für jene Zeiten tauglicher, denen Sie schon entflohen sind. Richten Sie sich aber itzt nur auf jenes Schicksal, das Ihnen mit uns gemein ist. Wüßte ich dagegen eine wirksame Arzney; so theilte ich sie Ihnen auch mit. Aber da haben wir nur eine einzige Zuflucht; Gelehrsamkeit, und Wissenschaften, die immer unsere Beschäftigung waren. Im Glücke schienen uns diese Ergötzung; itzt sind sie Arzney. Aber wieder auf das erste: ihres Wohlstandes, und ihrer Rückkehr wegen, hat alles seine gänzliche Richtigkeit; zweifeln Sie nur nicht daran. ꝛ. ꝛ. w.

Drey=

Dreyzehnter Brief.

Inhalt.

Quintus Ligarius war ein römischer Senator, und vor dem innerlichen Kriege Interimsproconsul in Afrika. Da zu Anfange des Krieges Pompejus den Attius Varus in Afrika schickte, daß er Anstalten wider die Cäsarianer machen sollte; blieb auch Ligarius zurück, und half mit die Pompejaner unterstützen. Nachdem aber Cäsar gesiegt hatte, mußte Ligarius ins Elend. Cäsar war auch wirklich so ungehalten auf ihn, daß er beschlossen hatte, ihn nicht wieder zurück zu rufen. Die Freunde des Ligarius aber, und besonders Cicero durch seine Rede, brachten Cäsarn auf andre Gedanken.

In diesem Briefe macht Cicero dem Ligarius Hoffnung, und verspricht ihm alle seine Dienste. Im Jahre 707.

M. T.

M. T. Cicero an den Ligarius.

Unsere Freundschaft hätte es zwar gefodert, daß ich Ihnen in ihren itzigen Umständen hätte schreiben sollen; entweder Sie zu trö= sten, oder Ihnen sonst ein Rettungsmittel vor= zuschlagen. Ich hab' es aber bisher noch nicht gethan, und zwar deßwegen nicht gethan; weil ich glaubte, ich könnte ihren Schmerz weder durch Worte lindern, noch durch Werk= thätigkeit erleichtern. Da ich aber gegründete Hoffnung bekam, Sie bald wieder in völligem Wohlstande bey uns zu sehen; mußte ich Ih= nen meine Gesinnung, und meine Neigung erklären.

Ich schreib' Ihnen also erstens, was ich erkenne, und einsehe; nämlich, daß Cäsar gegen Sie nicht unerbittlich seyn werde. Denn die Sache selbst, die Zeit, das Urtheil der Leute, und wie mir scheint, selbst seine Natur macht ihn täglich gelinder. Dieß sehe ich an den übrigen; und, was Sie betrifft, höre ich es von seinen vertrautesten Freunden. Und

M 4   die=

dieſen gebe ich und ihre Brüder von jener Zeit
an gute Worte, da die traurige Nachricht aus
Afrika gekommen. Und wirklich fruchtet die
Tugend, die Liebe ihrer Brüder, und ihre un=
ermüdete Sorgfalt für ihr Wohl ſo viel, daß
ich glaube, Cäſar werde uns alles bewilli=
gen.

Wenn es aber damit etwas langſamer geht,
als wir wünſchen; ſo denken Sie, daß die Men=
ge der Geſchäfte den Zugang bey jenem, bey
dem man alles erbitten muß, ſchwer machen.
Zugleich iſt er aber auch über den afrikaniſchen
Handel äußerſt aufgebracht: und ſcheint ent=
ſchloſſen zu ſeyn, diejenigen etwas länger ih=
rer Noth zu überlaſſen, die ihn, nach ſeiner
Meynung, ſo langwährenden Beſchwerlichkei=
ten ausgeſetzet haben. Aber auch das, dünkt
mich, ſieht er täglich mit gelindern Augen
an.

Glauben Sie mir alſo, Ligarius, und
denken Sie an meine Verſicherung: Sie wer=
den allzulange nimmer in ihrem Elende ſtecken.

Bis

Bis hieher sagte ich Ihnen meine Gedanken: was ich ihretwegen zu thun entschlossen
bin; will ich lieber im Werke, als mit Worten beweisen. Und wenn ich so viel vermöch-
te, als ich in einem Staate, um den ich mich
so verdient gemacht habe, vermögen sollte; so
wären auch Sie gewiß nicht in diesem Elende. Denn eben die Sache, die ihren Wohlstand in Gefahr gesetzt, hat auch meine Kräfte geschwächet. Was aber doch immer der
Schatten meines alten Ansehens, der Rest meiner Gunst noch vermag; so verspreche ich ihren rechtschaffnen Brüdern meine ganze Neigung, meinen Rath, meine Hilfe, meine Gunst
bey andern, und meine Treue.

Bleiben Sie nur immer starkmüthig, wie
Sie sonst waren; erstlich aus jenen Ursachen,
die ich Ihnen geschrieben; hernach deßwegen,
weil Sie allezeit so gegen den Staat gesinnet
gewesen, daß Sie, nicht nur itzt, da Sie gutes Glück zu hoffen haben, sondern auch dann,

M 5   wenn

wenn Ihnen alles zuwider laufen sollte, doch wegen ihrem Bewußtseyn ihrer Handlungen und Anschläge alle Zufälle mit dem standhaftesten und größten Muth ertragen müßten. u. s. w.

Vierzehnter Brief.
Inhalt.

Cicero schreibt dem Ligarius, was
er bey Cäsarn seinetwegen ausgerichtet,
und was er für Hoffnungen habe. Am
Ende spricht er ihm wieder Muth zu. Im
Jahre 707.

M. T. Cicero an den Ligarius.

Freund, für ihre Wohlfahrt verwende ich
meine ganze Arbeit, meine Bemühungen,
meine Sorge, und Eifer. Ich habe Sie immer vorzüglich geliebt: und die besondere Treue
und Liebe ihrer Brüder (denen ich so gewogen
immer bin, als Ihnen) bewirken, daß ich
keine meiner Pflichten gegen Sie unterlasse, es
mag nun Zeit, oder Arbeit betreffen.

Was ich aber für Sie thue, oder gethan
habe; sollen Sie eher aus den Briefen ihrer
Brüder, als aus den meinigen erfahren: was
ich entgegen ihres Wohlstandes wegen hoffe,
für sicher, und gewiß halte; das will ich Ihnen

nen erklären. Denn wenn je einer in wichti=
gen und gefährlichen Dingen furchtsam iſt,
und immer eher widrige Ausgänge beſorgt, als
gute hofft; ſo bin ich es: und iſt dieß ein
Fehler; ſo geſtehe ich, daß ich davon nicht
frey bin. Da ich aber doch den 29 Nov. frü=
he auf Erſuchen ihrer Brüder zum Cäſar ge=
kommen, und mich durch alle Beſchwerlich=
keiten, und Herablaſſungen, ihn ſprechen zu
können, durchgewunden hatte: und da ihre
Brüder und Verwandte zu ſeinen Füßen la=
gen, und ich ihretwegen alles geſagt hatte,
was Zeit und Umſtände foderten; ſo gerieth
ich nicht nur durch die Worte Cäſars, die
gewiß ſehr gelinde und freundlich waren; ſon=
dern auch durch ſeine Blicke und Minen, und
aus viel andern Zeichen, die man leichter be=
merken, als beſchreiben kann, auf die gegrün=
dete Vermuthung, daß ich nun an ihrer gänz=
lichen Wiederherſtellung im geringſten nimmer
zweifeln dörfe.

Faſſen

Faſſen Sie alſo nur Stärke und Muth: und leben Sie bey der angehenden Windstille nun deſto fröhlicher; da Sie ſich bey dem brauſenden Sturme ſo kluge betragen haben.

Ich will mich aber ihrer Sache ſo anneh= men, als wenn ſie von größter Schwierigkeit wäre: * und nicht nur bey Cäſarn, ſondern auch bey allen ſeinen Freunden, die auch die meinigen ſind, ſo, wie ich es bisher gethan, ihretwegen mit dem größten Vergnügen Vor= bitte einlegen. L. S. w.

Fünf=

---

* Ligarius erhielt Gnade bey Cäſarn, und kam zurücke: doch war er darauf von deſſen Mördern einer; wie Appianus erzehlt.

Fünfzehnter Brief.

Inhalt.

Dieser Brief ward nach Cäsars Tode geschrieben, da Cicero wieder anfieng, im freyen Rom ein großer Mann zu werden. Basilius war aus dem vornehmen Geschlechte der Minutier. Im Jahre 710.

M. T. Cicero an den Basilius.

Ihnen wünsche ich Glück; ich freue mich; Sie liebe ich; das Ihrige schütze ich. Lieben auch Sie mich, und geben Sie mir Nachrichten, wie Sie leben, und was sonst vorgehe.

Sechszehnter Brief.

Inhalt.

Bithynicus war ein angesehner Senator, aus dem pompejischen Hause. Ungeachtet der Verwandtschaft mit. dem Pompejus hieng er doch Cäsarn an, der ihn nach Sicilien als Prätor geschickt. Weil sich Bithynicus in Sicilen nach Cäsars Tode von den Pompejanern viel widriges besorgte; empfahl er sich Ciceronen aufs angelegentlichste. Im Jahre 709.

Bithynicus an den Cicero.

Wenn unsere Freundschaft, mein lieber Cicero, nicht selbst schon eigne und wichtige Gründe hätte; so würde ich den ersten Grund unserer Freundschaft von unsern Vätern herholen. Aber das mögen jene thun, die die Freundschaft ihrer Väter nicht durch eigne Freundschaftsbezeugungen fortgesetzet haben.

ben. Ich begnüge mich also mit der Freund=
schaft, die wir selbst, Sie und ich, untereinan=
der haben. Und aus Zuversicht auf diese, bitte
ich Sie, mein Cicero, daß Sie mich in mei=
ner Abwesenheit, wo Sie immer können, schü=
tzen wollen; wenn Sie je glauben, daß ihre
Gutthaten bey mir nicht vergeblich angewen=
det sind. L. S. w.

Siebenzehnter Brief.

Inhalt.

Bithynicus hatte einſt dem Cicero ſein Verlangen bezeugt, mit ihm in Geſellſchaft zu leben: auf dieſen Brief antwortet nun Cicero. Im Jahre 709.

M. T. Cicero an den Bithynicus.

Ich wünſch es überhaupt recht ſehnlich, daß endlich unſer Staat wieder einmal hergeſtellet werde. Aber, glauben Sie mir, ihr Verſprechen, das Sie mir in ihrem Briefe machen, feuert meinen Wunſch noch mehr an. Denn, wenn der Staat hergeſtellet ſey, ſagen Sie, wollen Sie in Geſellſchaft mit mir leben. Herr, dieſer Entſchluß iſt mir ſehr angenehm: Sie handeln ganz unſerer Verbindung, und dem Urtheile ihres Vaters, des angeſehenen Mannes gemäß, das er von mir hatte. Freylich ſind Männer, die zur Zeit viel vermochten, oder noch vermögen können, in Rückſicht

N   der

der Gutthaten gegen Sie, in einem engern Bande mit Ihnen, als ich): aber durch Freundschaftsverbindung bin ich Ihnen gewiß der nächste. Deßwegen ist mir auch ihr Andenken an unsere Freundschaft, und das Verlangen, diese noch enger unter uns zu schließen, so angenehm. ꝛc. S. w.

Acht-

Achtzehnter Brief.

Inhalt.

Quintus Lepta Generalfeldzeugmei-
ster des Cicero hielt sich im innerlichen
Kriege neutral, und größtentheils auf seinen Gütern auf. In diesem Briefe antwortet ihm Cicero auf zerschiedene Fragen, die Lepta an ihn gestellet hatte. Im
Jahre 708.

M. T. Cicero an den Lepta.

Sobald mir Seleucus ihren Brief über-
liefert hatte, schickte ich auf der Stelle
dem Balbus * eine Schreibtafel ** und fragte ihn, was im Gesetze stünde. Dieser schrieb

N 2 mir

---

* Lucius Cornelius Balbus, Major.

** Diese bestand aus zwey Blättern von Holz,
die mit Wachs bestrichen waren. Sie wurden
meistens geschickt, wenn man nicht Zeit hatte,
einen förmlichen Brief zu schreiben.

mir zurück: Jene, die noch wirklich Ausrufer seyn, sollten nicht Senatoren werden können; die es aber ehmals gewesen, sollten nicht ausgeschlossen werden. Also können ihre und meine Freunde gutes Muthes seyn. Denn es würde unbillig seyn, wenn solche, die heute noch wirklich Opferwahrsager sind, in den Senat zu Rom aufgenommen würden; und solche, die ehmals Ausrufer gewesen, in den Landstädten nicht Senatoren werden dörften.

Von Spanien weiß ich nichts neues. So viel weiß man doch, daß Pompejus * ein großes Heer stehen hat. Denn Cäsar selbst schickte eine Abschrift eines Briefes von Paciäcus ** an uns, welcher sagte, Pompejus habe eilf Legionen. *** Auch Messala **** schrieb dem Quintus Salassus, daß dessen Bruder, Pu-

blius

---

* Cnejus, Pompejus des großen Sohn.
** Ein Spanier, und Anhänger des Cäsars.
*** 55000 Mann.
**** Ein Anhänger des Pompejus.

blius Curtius, im Angeſicht der Armee auf
Befehl des Pompejus ſey enthauptet worden; weil er mit einigen Spaniern im Ver-
ſtändniſſe geweſen, den Pompejus, wenn er
des Getreides wegen in eine gewiße Stadt
kommen würde, zu ergreifen, und Cäſarn zu
liefern.

So bald der wirthſchaftliche Galba, ihr
Mitbürge wieder zurückkömmt, will ich mich
mit ihm wegen ihrer Bürgſchaft für den Pompejus berathſchlagen, ob man die Sache nicht
etwa zur Richtigkeit bringen könnte: denn darauf ſchien er ſonſt ſehr viel Vertrauen zu haben.

Daß mein Redner ſo viel Beyfall bey Ihnen findet, freut mich unendlich. Ich wenig-
ſtens glaube gänzlich, daß beynahe mein ganzer Geſchmack und Beurtheilungskraft der Re-
dekunſt in dieſem Buche ſtecke. Iſt das Buch
nun ſo gut, als Sie ſchreiben; ſo bin auch ich
etwas: wo nicht; ſo bin ich zufrieden, daß
eben ſo viel von dem Ruhme meiner Wiſſen-
ſchaft in dieſem Fache mir entzogen werde,

N 3 als

als diesem Buche. Daß unser Lepta * schon
itzt Vergnügen an solchen Schriften finden
lerne, wünsche ich sehr. Fehlt ihm gleich noch
Reife des Alters; so ist es ihm doch nützlich,
wenn sich seine Ohren recht bald an dergleichen Reden gewöhnen.

Die Niederkunft meiner Tullia hielt mich
größtentheils in Rom zurück. Und wenn sie
sich auch wieder, wie ich hoffe, erholet hat;
so werde ich doch noch so lange aufgehalten
werden, bis ich die erste Zahlungsfrist von den
Bevollmächtigten des Dolabella eingetrieben
habe. Und ich bin itzt überhaupt nimmer so
fertig zum Reisen, als ich sonst war. Damals
fand ich Vergnügen an meinen Landhäusern,
und in der Ruhe: itzt ist mein Haus so schön,
als immer eines auf meinem Landgute; und
die Ruhe und Stille größer, als in der einsamsten Gegend. So werden nicht einmal
meine Wissenschaften gestört, mit denen ich
mich,

---

* Ein Sohn des Lepta.

mich, ohne unterbrochen zu werden, beschäftige. Deßwegen glaube ich immer, werde ich Sie wohl eher hier, als Sie mich dort sehen.

Unser allerliebster Lepta mag den Hesiodus fleißig lernen, und immer diese Worte im Munde führen: Τῆς δ' ἀρετῆς ἱδρῶτα. *

Neun=

---

* Der Anfang von griechischen Versen; worinn Hesiodus ernstes Bestreben zur Tugend empfiehlt. 1. B. Der Werke und Tage. V. 287.

Neunzehnter Brief.

Inhalt.

Lepta hatte dem Cicero geschrieben, daß auf sein Ersuchen Pompejus Macula ihm ein Haus gemiethet habe, darinn er mit seinem Gefolge abtreten könne, dem Cäsar, wenn er zurück aus Spanien käme, entgegen zu gehen. Dafür dankt ihm hier Cicero. Uebrigens war Cäsar Willens allerley Lustbarkeiten an zerschiednen Orten Roms anzustellen. Dazu brauchte er ansehnliche Gehilfen. Auch mit einer aus diesen zu seyn, bestrebte sich Lepta. Das widerräth ihm aber Cicero. Im Jahre 708.

M. T. Cicero an den Lepta.

Daß Macula seine Dienste gethan hat, freut mich. Sein falernisches Landhaus hat mir immer bequem geschienen, um dort abtreten zu können: wenn nur Gebäude

genug

genug da sind, mein Gefolge unterzubringen. Uebrigens gefällt mir der Ort wohl: deßwegen verlasse ich aber ihr petrinisches Landhaus nicht. Denn sowohl das Gut, als die schöne Lage desselben taugt eher, sich dort lange aufzuhalten, als nur auf eine Zeit einzukehren.

Was die Besorgung der Schauspiele in einigen Gegenden betrifft, hab' ich schon mit dem Oppius gesprochen. Denn nach ihrer Abreise sah ich den Balbus nimmer: er leidet so empfindlich am Podagra, daß er sich durchaus nicht sprechen läßt. Ueberhaupt von der Sache zu reden, würden Sie meiner Meynung nach klüger handeln, wenn Sie sich damit nicht abgäben. Denn was Sie dadurch zu erreichen suchen, werden Sie doch nicht erreichen. Es sind der vertrauten Freunde Cäsars so viele, daß eher einer oder der andere davon ausgeschlossen, als ein neuer angenommen wird; besonders wenn er sonst nichts mitbringt, als seine Dienste. Und da wird Cäsar

N 5   eher

eher glauben, wenn er es je erfährt, er habe damit eine Wohlthat erwiesen, als eine empfangen. Doch will ich einen Weg suchen, auf dem ich mit Anstand ihre Absicht erreichen kann. Auf eine andere Art sollten Sie sich nicht nur darnach nicht bestreben, sondern dieses Amt sogar fliehen.

Ich werde mich vermuthlich zu Astura * etwas länger aufhalten. Cäsar wird doch endlich auch kommen. L. S. w.

Zwan-

---

* Ciceros Lustgut nahe bey Antium, an der tyrrhener See.

Zwanzigster Brief.

Inhalt.

Cajus Toranius war ein angesehener Senator. Er zog mit dem Pompejus wider den Cäsar zu Felde; und
lebte nach der Schlacht in Sicilien. Er
war gesinnet dem Cäsar entgegen zu gehen. Cicero mißräth ihm das, und tröstet ihn. Im Jahre 708.

M. T. Cicero an den Toranius.

Vor drey Tagen gab ich den Bedienten des
Cneus Plancus einen Brief an Sie
mit. Deßwegen wird der itzige Brief etwas
kürzer werden: Ermahnungen, Trost, Erinnerungen wird er enthalten, wie der vorige.

Das nützlichste für Sie, meyne ich, wäre,
wenn Sie so lange an ihrem Orte blieben, als
bis Sie wissen, was sie eigentlich thun sollen.
Denn außer dem, daß diese weite Schifffahrt
bey dem stürmischen Winter, und in Gegen-

den,

den, wo die Seehäfen schlecht sind, gefährlich
ist; so ist auch dieß keine Kleinigkeit, daß Sie
von dem ißigen Orte ihres Aufenthaltes allemal geschwinde genug abreisen können, wenn
Sie etwas Gewißes erfahren sollten. Und zu
dem haben Sie eben keine Ursache, warum
Sie so begierig seyn sollten, dem Cäsar und
seinem Anhange so gleich entgegen zu eilen.
Und neben dem allen, Herr, fürchte ich noch
vieles, wie ich es unserm Chilo schon gesagt
habe. Kurz um; Sie könnten bey diesen bösen Zeiten an keinem bequemern Orte seyn, von
dem Sie sich leichter und geschwinder wegbe-
geben könnten, wohin Sie es immer für
nüßlich fänden. Kömmt Cäsar zurück; so
können Sie schon noch zur Zeit eintreffen. Hin-
dert ihn aber irgend etwas, wie sich leicht was
zutragen kann; so sind Sie doch an einem Orte, an dem Sie alles erfahren können. So
denke ich in dieser Sache, mein lieber Toranius.

Im übrigen haben Sie, wie ich Sie oft
schon erinnerte, bey der ganzen Sache sonst
nichts.

nichts zu fürchten, als was den ganzen Staat überhaupt bedrückt. Diese Anfälle sind freylich schwer: aber wir haben doch immer so gelebt, und zählen schon so viele Jahre; daß wir alles mit Starkmuth übertragen müßen, was uns nicht aus unsrer eignen Schuld zustößt.

Die Ihrigen befinden sich hier alle wohl: sie sehnen sich mit der größten Treue nach Ihnen, lieben und ehren Sie. Besorgen Sie ihre Gesundheit auch, lieber Toranius; und reisen Sie von ihrem Aufenthalte doch nicht weg.

Ein

Ein und zwanzigster Brief.

Inhalt.

Dieser Brief ist ein paar Tage eher geschrieben, als der vorige. Cicero tröstet ihn, und macht ihm Hoffnung. Im Jahre 708.

M. T. Cicero an den Toranius.

Da ich diesen Brief an Sie schreibe, hat es zwar das Ansehen, als ob das Ende dieses unseligen Krieges heran nahe; oder wohl gar schon was gethan, und ausgemacht sey. Und doch erinnere ich mich noch alle Tage daran, daß Sie bey dem ganzen Heere allein einerley Meynung mit mir gewesen, und ich mit Ihnen: und daß wir beyde allein gesehen, wie viel Unglück in diesem Kriege liege, in welchem die Hoffnung zum Frieden ganz verlohren ist; und in welchem selbst der Sieg sehr betrübt seyn muß; indem entweder er den Ueberwundenen den gänzlichen Untergang,

oder

oder den Ueberwindern die Sklaverey zuzöge.
Ich also, den damals jene tapfere und weise
Männer, Domitius und Lentulus für furchtsam hielten: (und ich war es auch wirklich;
denn ich fürchtete den nämlichen Ausgang, der
auch erfolgte) ich — fürchte itzt gar nichts,
und bin auf alle Fälle gefaßt. Zu selber Zeit,
da ich glaubte, man könnte hie und da noch
etwas verhüten, that mir die Saumseligkeit
wehe. Itzt aber, da alles zu Grunde gerichtet ist, da durch Klugheit nichts mehr kann
gebessert werden, itzt scheint mir Gelassenheit
auf alle Zufälle das einzige Mittel: besonders da das Ende von allem der Tod ist; und
ich bey mir überzeugt bin, ich sey, so lange
es mir möglich war, auf das Beste des Staates aufmerksam gewesen, und nach dessen Verlust noch immer bedacht, wenigst den gänzlichen Zerfall abzuwenden.

Dieß schrieb ich, nicht weil ich etwa gerne von mir selbst rede; sondern damit Sie,
der immer eben derselben Meynung, und
des

des nämlichen Entschlusses mit mir gewesen, auch ißt eben so denken sollten. Denn es ist wirklich ein großer Trost, wenn man sich erinnern kann, daß man rechtschaffen und billig gedacht habe; wenn gleich die Sache einen schlimmen Ausgang genommen hat. O, Toranius, wie wünschte ich es, daß wir noch einer ruhigen Verfassung des Staates genießen, und einander unsre Bekümmernisse mittheilen könnten, die wir damals ausstanden, da man uns für furchtsam hielt, weil wir Dinge vorsagten, die dann auch wirklich erfolgten.

Ihrer Angelegenheiten wegen, haben Sie nichts zu befürchten, außer dem Untergange des ganzen Staates, ich versichere Sie. Von mir aber erwarten Sie Eifer und Dienste, so viel in meinen Kräften steht, so wohl was ihren, als ihrer Kinder Wohlstand betrifft. L. S. w.

Zwey

Zwey und zwanzigster Brief.
Inhalt.

Dieser Domitius war ein Sohn des Lucius Domitius Ahenobarbus. Als die Sache zwischen Cäsar und Pompejus zum Kriege kam; mußte sein Vater Domitius statt des Cäsars in die Provinz Gallien. Er begab sich nach Corsinium, und mußte da, aus Mangel der Leute und Hilfe, sich und Corsinium dem Cäsar übergeben. Da ihn Cäsar frey abziehen ließ, gieng er mit dem Pompejus nach Griechenland. In der Schlacht ward er niedergemacht. Betroffen darüber, ward sein Sohn äußerst kleinmüthig. Cicero sucht ihn also in diesem Briefe nach Möglichkeit zu trösten. Im Jahre 707.

M. T. Cicero an den Domitius.

Sie müßen nicht glauben, daß ich Ihnen nach ihrer Ankunft in Italien etwa

O   deß-

beßwegen nicht geschrieben, weil Sie mir auch
nicht geschrieben, und ihre Ankunft nicht ge=
meldet haben.   Es geschah deßwegen, weil
ich nicht wußte, was ich Ihnen versprechen
sollte, da es mir selbst an allem fehlte; noch
was ich Ihnen für einen Rath geben könnte,
da ich mir selbst nicht zu rathen wußte; noch
was für einen Trost ich Ihnen, bey diesem
großen Unglücke, schreiben dörfte.   Freylich ist
es itzt noch um kein Haar besser, und viel=
mehr noch verzweifelter : aber doch will ich
Ihnen lieber einen unbedeutenden Brief schrei=
ben, als gar keinen.

Wenn ich wüßte, daß Sie entschlossen
gewesen wären, des Staates wegen mehr auf
sich zu nehmen, als Sie zu leisten fähig ge=
wesen; so würde ich Sie doch mit allem Nach=
druck ermahnen, sich diese Lebensart, sie möch=
te seyn, wie sie wollte, gefallen zu lassen. Da
Sie aber ihren weisen und tapfern Entschluß
nicht weiter hinausstellten, als selbst das Glück
unsere Streitigkeiten; so bitte ich Sie, be=
schwö=

schwöre Sie, um unserer alten Freundschaft und
Verbindung willen, gemäß meiner aufrichtigen
Gesinnung gegen Sie, und der ihrigen gegen
mich: erhalten Sie sich mir, ihrer Mutter,
ihrer Gattinn, und allen den Ihrigen, denen
Sie theuer sind, und von jeher theuer waren:
tragen Sie Rücksicht auf ihre eigne Wohlfahrt,
und auf die Wohlfahrt der Ihrigen, derer
Wohl von Ihnen abhängt: nützen Sie itzt jene schönen Lehren der weisen Männer, die Sie
von Jugend auf sich in ihr Gedächtniß gefaßt,
und mit wahrer Ueberzeugung des Herzens
erkennet haben: mäßigen Sie sich, wo nicht mit
Gelassenheit, doch mit Großmuth in der Sehnsucht nach jenen, die Sie verlohren, und die
durch die größte Wohlgewogenheit und Liebes-
erweisungen mit Ihnen verbunden waren.

Ich weiß nicht, was ich etwa vermag;
oder wahrhafter gesagt, ich weiß, daß ich nichts
vermag. Das verspreche ich Ihnen aber doch,
daß ich alles, was ihrem Wohlstande, und
ihrer Ehre vortheilhaft ist, mit so großem Eifer

fer beſorgen werde, als Sie mir in meinen Angelegenheiten erwieſen haben. Dieſen Ent⸗ ſchluß trug ich ihrer Mutter, der trefflichſten Frau, und zärtlichſten Mutter vor. Was Sie mir ſchreiben, werde ich alles nach ihrem Wil⸗ len vollziehen. Schreiben Sie mir aber nicht; ſo werde ich doch alles mit dem thätigſten Ei⸗ fer und Aufmerkſamkeit beſorgen, was ich Ihnen nützlich zu ſeyn glaube. L. S. w.